»Möge das Leben Ihnen aufgehen, Tür um Tür; mögen Sie sich in die Fähigkeit finden, ihm zu vertrauen, und den Mut, gerade dem Schweren das meiste Vertrauen zu geben.«

Das Leben ist für Rilke ein täglich neu zu feierndes Geschenk. Es ist voller ungeahnter Möglichkeiten und verborgener Schönheiten. Um all die Weite und Möglichkeiten unseres Daseins zu erkennen, müssen wir nur etwas aufmerksamer und wacher durchs Leben gehen.

Seine Gedanken über die großen Offenbarungen des Lebens hat Rilke besonders in seinen Briefen festgehalten. Diese eigenwilligen und scharfsinnigen Betrachtungen über ein glückliches und ausgeglichenes Leben laden ein zum Innehalten und sind auch heute ein wertvoller Lebensratgeber.

Rainer Maria Rilke wurde am 4. Dezember 1875 in Prag geboren und studierte Literatur, Kunstgeschichte und Philosophie in Prag, München und Berlin. Er starb am 29. Dezember 1926 im Sanatorium Valmont bei Montreux in der Schweiz. Rilke gilt als der wichtigste und einflußreichste deutschsprachige Dichter des 20. Jahrhunderts. Sein Werk erscheint seit dem Jahr 1900 im Insel Verlag.

Im insel taschenbuch erschien zuletzt: *Hiersein ist herrlich* (it 3649), *Die schönsten Gedichte* (it 4053), *Frühling* (it 4118), *Sommer* (it 4139).

insel taschenbuch 4177

Rainer Maria Rilke

Du mußt dein Leben ändern

Rainer Maria Rilke
Du mußt dein Leben ändern

Über das Leben
Ausgewählt und mit einem Nachwort
von Ulrich Baer
Insel Verlag

7. Auflage 2025

Erste Auflage 2012
insel taschenbuch 4177

Umschlaggestaltung: bürosüd, München
Umschlagfoto: Christoph Eberle/mauritius images
Satz: Satz-Offizin Hümmer GmbH, Waldbüttelbrunn
Druck: CPI books GmbH, Leck
Printed in Germany
ISBN 978-3-458-35877-0

Insel Verlag Anton Kippenberg GmbH & Co. KG
Torstraße 44, 10119 Berlin
info@insel-verlag.de
www.insel-verlag.de

Du mußt dein Leben ändern

Das äußere und innere Leben in Einklang bringen

Glauben Sie nicht, daß der, welcher Sie zu trösten versucht, mühelos unter den einfachen und stillen Worten lebt, die Ihnen manchmal wohltun. Sein Leben hat viel Mühsal und Traurigkeit und bleibt weit hinter Ihnen zurück. Wäre es aber anders, so hätte er jene Worte nie finden können.

Sie haben recht, auch Pläne bringen schon reichlich viel Beweglichkeit in uns, und wer weiß, wie sehr wir uns, während sie uns auf einer Stelle lassen, in ihnen wandeln.

Mir geht es oft so, daß ich mich frage, ob die Erfüllung eigentlich etwas mit Wünschen zu tun hat. Ja, solang der Wunsch schwach ist, ist er wie eine Hälfte und braucht das Erfülltwerden wie eine zweite Hälfte, um etwas Selbständiges zu sein. Aber Wünsche können so wunderbar zu etwas Ganzem, Vollem, Heilem auswachsen, das sich gar nicht mehr ergänzen läßt, das nur noch aus sich heraus zunimmt und sich formt und füllt. Manchmal könnte man meinen, dies gerade wäre die Ursache der

Größe und Intensität eines Lebens gewesen, daß es sich mit zu großen Wünschen einließ, die von innen wie ein Ressort Aktion auf Aktion, Wirkung nach Wirkung ins Leben hinaus trieben, die kaum mehr wußten, worauf sie ursprünglich gespannt waren, und nur noch elementar, wie starkes, fallendes Wasser, sich in Handlung und Herzlichkeit, in unmittelbares Dasein, in frohen Mut umsetzen, je nachdem das Geschehen und die Gelegenheit sie einschaltete.

Das Anschauen ist eine so wunderbare Sache, von der wir noch so wenig wissen; wir sind mit ihm ganz nach außen gekehrt, aber gerade wenn wirs am meisten sind, scheinen in uns Dinge vor sich zu gehen, die auf das Unbeobachtetsein sehnsüchtig gewartet haben, und während sie sich, intakt und seltsam anonym, in uns vollziehen, ohne uns, – wächst in dem Gegenstand draußen ihre Bedeutung heran, ein überzeugender, starker, – ihr einzig möglicher Name, in dem wir das Geschehnis in unserem Innern selig und ehrerbietig erkennen, ohne selbst daran heranzureichen, und nur ganz leise, ganz von fern, unter dem Zeichen eines eben noch fremden und schon im nächsten Augenblick aufs neue entfremdeten Dinges begreifend –.

Ob meine Briefe wirklich eine Hilfe sein können, daran zweifle ich oft. Sagen Sie nicht: ja, sie sind es. Nehmen Sie sie ruhig auf und ohne vielen Dank, und lassen Sie uns abwarten, was kommen will. Es nützt vielleicht nichts, daß ich nun auf Ihre einzelnen Worte eingehe; denn was ich über Ihre Neigung zum Zweifel sagen könnte oder über Ihr Unvermögen, das äußere und innere Leben in Einklang zu bringen, oder über alles, was Sie sonst bedrängt –: es ist immer das, was ich schon gesagt habe: immer der Wunsch, Sie möchten Geduld genug in sich finden, zu ertragen, und Einfalt genug, zu glauben; Sie möchten mehr und mehr Vertrauen gewinnen zu dem, was schwer ist, und zu Ihrer Einsamkeit unter den anderen. Und im übrigen lassen Sie sich das Leben geschehen. Glauben Sie mir: das Leben hat recht, auf alle Fälle. Und von den Gefühlen: Rein sind alle Gefühle, die Sie zusammenfassen und aufheben; unrein ist das Gefühl, das nur *eine* Seite Ihres Wesens erfaßt und sie so verzerrt. Alles, was Sie angesichts Ihrer Kindheit denken können, ist gut. Alles, was mehr aus Ihnen macht, als Sie bisher in Ihren besten Stunden waren, ist recht. Jede Steigerung ist gut, wenn sie in Ihrem *ganzen* Blute ist, wenn sie nicht Rausch ist, nicht Trübe, sondern Freude, der man auf den Grund sieht. Verstehen Sie, was ich meine? Und Ihr Zweifel kann eine gute Eigenschaft werden, wenn Sie ihn *erziehen*. Er muß *wissend* werden, er muß Kritik werden. Fragen Sie ihn, sooft er Ihnen etwas verderben will, *weshalb* etwas häßlich ist, verlangen Sie Beweise von ihm, prüfen Sie ihn, und Sie werden ihn vielleicht ratlos und verlegen, vielleicht auch aufbegehrend finden. Aber geben Sie nicht nach, fordern Sie Argumente und handeln Sie so aufmerksam und konsequent, jedes einzelne Mal, und der Tag wird kommen, da er aus einem Zerstörer einer Ihrer besten Arbeiter werden wird,– vielleicht der klügste von allen, die an Ihrem Leben bauen. Das ist alles, lieber Herr Kappus, was ich Ihnen heute zu sagen vermag. Aber ich sende Ihnen zugleich den Separatdruck einer kleinen Dichtung, die jetzt in der Prager »Deutschen Arbeit« erschienen ist. Dort rede ich weiter zu Ihnen vom Leben und vom Tode und davon, daß beides groß und herrlich ist.

Ich werde jetzt mit meiner großen Sehnsucht irgendeinen Ausgleich treffen müssen. Ich bin ja überzeugt, daß Geduld immer gut ist und daß nichts, was zu geschehen im tiefsten Sinne berechtigt ist, ungeschehen bleiben kann. Ich werde die Arbeiten, für die jetzt die Bedingungen fehlen, eines Tages aufnehmen und zu Ende führen, wenn sie wirklich so unbedingt sind und organisch in mir gefordert, wie ich glaube. Ich werde dieses Leben guten Willens und unbedingter Dienstbereitschaft noch eine Weile weiter führen, so gut ich kann, und es eines Tages aufgeben, wenn wir überlegt haben, ob das möglich ist und auf welche Weise es geschehen soll.

Jeder muß in seiner Arbeit den Mittelpunkt seines Lebens finden und von dort aus strahlenförmig wachsen können, soweit es geht. Und dabei darf ihm kein Zweiter zusehen und gerade der Nächste und Liebste nicht: denn nicht einmal er selber darf es. Es liegt eine Art Reinheit und Jungfräulichkeit darin, in diesem von sich selbst Fortschauen; es ist, wie wenn man zeichnet, den Blick an das Ding gebunden, verwoben mit der Natur, und die Hand geht allein irgendwo unten ihren Weg, geht und geht, wird ängstlich, schwankt, wird wieder froh, geht und geht tief unter dem Gesicht, das wie ein Stern über ihr steht, das nicht schaut, nur *scheint*. Mir ist, als hätte ich immer so geschaffen: das Gesicht im Anschauen ferner Dinge, die Hände allein. Und so muß es gewiß auch sein. So will ich wieder werden mit der Zeit; aber dazu muß ich so einsam bleiben, wie ich es jetzt bin, meine Einsamkeit muß erst wieder fest und sicher sein wie ein nie betretener Wald, der sich nicht vor Schritten fürchtet. Sie muß alle Betonung verlieren, jeden Ausnahmswert und jede Verpflichtung. Sie muß Alltag werden, das Natürliche und Tägliche; die Gedanken, die kommen, auch die flüchtigsten, müssen mich ganz allein finden, dann werden sie sich wieder entschließen, mir zu vertrauen; es gibt nichts Ärgeres für mich, als mich der Einsamkeit zu entwöhnen: und ich war es fast. Darum hab ich jetzt weite Wege zu gehen, Tag und Nacht, zurück durch alles Vergangene und Verwirrte. Und dann, wenn ich an den Kreuzweg komme und die Stelle wiederfinde, wo das Irren anfing, dann will ich Werk und Weg wiederbeginnen, schlicht und ernst, als der Anfänger, der ich bin. Und mir ist ganz groß und feierlich im Herzen, wenn ich denke, daß wir uns darin jetzt verstehen und in diesen dunklen Rätseln eines Sinnes sind. Mir ist ... als wären wir zusammen durch unendliche Entwicklungen gegangen, durch Welten, und Welten durch uns.

Stina Frisell ist inzwischen schon wieder fortgereist, mit ihrer kleinen Karin, die nun »ins Leben« eingeführt werden soll, achtzehnjährig und mittendrin, wie sie ist.

Trotz alledem scheint es mir, daß ich baue; am Unsichtbaren, am Unsichtbarsten, an irgendeinem Fundament; nein, das ist zuviel; aber daß ich den Grund aushebe für etwas, was da einmal aufgerichtet werden soll; eine vollkommen unscheinbare Tätigkeit, für die Tagelöhner und Handlanger genügen (wie man meint).

Damit soll nur gesagt sein, wie es hier steht; ohne Klage und ohne Bedauern ist es gesagt. Vielleicht wäre es am besten, ich taufte diese Zeit: Erholung, und lebte sie so (man soll Erholung und Arbeit nicht mischen, halb und halb, wie es immer wieder aus Zaghaftigkeit und versagender Kraft geschieht), aber dazu fehlt mir doch die Freudigkeit, fehlt mir irgend etwas, was ich vorher getan haben müßte. Ein Ausgangspunkt, ein Zeugnis, eine vor mir selbst bestandene Prüfung.

Nun auch so, wie sie ist, wird diese Zeit gut für mich sein, wenn nicht sammelnd, so doch Sammlung vorbereitend. Der Sommer war ja nie und nirgends meine Hoch-Zeit. Immer und überall galt es, ihn zu überstehen; aber der Herbst müßte dieses Jahr wieder mein sein. Wenn ich dann eine stille Stube bei großen herbstlichen Laubbäumen, nahe am Meer, allein und gesund und in Ruhe gelassen, bewohnte (und in Kopenhagens und des Sundes Nähe könnte glücklichsten Falles alles das gefunden sein), so könnte sich vieles verändern in meinem Leben, manches Heil könnte da zur Welt gebracht werden.

Ein Einziges, Dringendes tut not: sich irgendwo an die Natur, ans Starke, ans Strebende, ans Helle mit unbedingter Bereitschaft anzuschließen und in einem arglosen Sinne vorwärts zu wirken, sei es im Geringsten, im Täglichsten. Mit jedem freudigen Zugreifen, mit jedem Ausblick in die noch unangebrochenen Fernen verwandeln wir nicht allein diesen und den nächsten Moment, wir schaffen auch das Vergangene in uns um, weben es uns ein, lösen den Fremdkörper des Schmerzes auf, von dem wir ja doch nicht wissen, woraus er besteht, und wieviel Lebens-Antrieb er, aufgelöst, unserem Blute mitteilt!

Es scheint mir nichts als Unordnung zu stiften, wenn die allgemeine Bemühung (übrigens eine Täuschung!) sich anmaßen sollte, die Bedrängnisse schematisch zu erleichtern oder aufzuheben, was die Freiheit des anderen viel stärker beeinträchtigt, als die Not selber es tut, die mit unbeschreiblichen Anpassungen und beinahe zärtlich, dem, der sich ihr anvertraut, Anweisungen erteilt, wie ihr – wenn nicht nach außen, so nach innen – zu entgehen wäre. Die Lage eines Menschen bessern wollen, setzt einen Einblick in seine Umstände voraus, wie nicht einmal der Dichter ihn besitzt, einer Figur gegenüber, die aus seiner eigenen Erfindung stammt. Wie viel weniger noch der so unendlich ausgeschlossene Helfende, dessen Zerstreutheit mit seiner Gabe vollkommen wird. Die Lage eines Menschen ändern, bessern wollen, heißt, ihm für Schwierigkeiten, in denen er geübt und erfahren ist, andere Schwierigkeiten anbieten, die ihn vielleicht noch ratloser finden.

Denn im Grunde kann keiner im Leben dem anderen helfen; das erfährt man immer wieder in jedem Konflikt und jeder Verwirrung: daß man allein ist.

Das ist nicht so schlimm, wie es auf den ersten Blick scheinen mag; es ist auch wieder das Beste im Leben, daß jeder alles in sich selbst hat: sein Schicksal, seine Zukunft, seine ganze Weite und Welt. Nun gibt es freilich Momente, wo es schwer ist, in sich zu sein und innerhalb des eigenen Ichs auszuhalten; es geschieht, daß man gerade in den Augenblicken, da man fester und – fast müßte man sagen – eigensinniger denn je an sich festhalten sollte, sich an etwas Äußeres anschließt, während wichtige Ereignisse den eigenen Mittelpunkt aus sich heraus in Fremdes, in einen anderen Menschen verlegen. Das ist gegen die allereinfachsten Gesetze des Gleichgewichts, und es kann nur Schweres dabei herauskommen.

Die Eltern sollten uns nie das Leben lehren wollen; denn sie lehren uns *ihr* Leben.

Jeder dürfte *nur* bis zu dem Punkte hingeführt werden, auf dem er fähig wird, selbst zu denken, selbst zu arbeiten, selbst zu lernen. Es giebt nur ganz wenige große Wahrheiten, die man vor einer Versammlung aussprechen darf, ohne Einen darin zu verletzen: nur diese sind Sache der Schule. Die Schule müßte vor allem mit Einzelnen rechnen, nicht mit Klassen: Das Leben und der Tod und das Schicksal sind auch im letzten Sinne für Einzelne gemacht, und zu alledem, zu den großen wirklichen Ereignissen, muß die Schule Beziehung gewinnen, wenn sie wieder lebendig werden will.

Jedes Erlebnis hat ein besonderes Tempo, in dem es gelebt werden muß, wenn es neu, tief und fruchtbar sein soll, und Weisheit ist, dieses Tempo für jeden einzelnen Fall zu finden.

Denn nichts ist der Hülfe so erschwerend, wie die Absicht zu ihr.

Du begreifst es, daß ich am Großen meine Kräfte und meinen Maßstab heranbilden möchte; ich hatte als Knabe schon das Gefühl, mich an die großen, reifen Menschen anzuschließen wie an ältere Geschwister, denn ich glaubte nie, daß man ihres Umgangs wert wird, indem man zunächst mit den Mittelmäßigen und Minderguten fertig wird. Es mag deshalb oft den Anschein haben, als lebte ich das Leben in verkehrter Ordnung; die meisten nehmen es ja umgekehrt auf sich, und sie bringen es auch zustande, am Alltäglichen emporzukommen bis an den Anfang des Ungemeinen, ja bis in das Ungemeine hinein. Das mag für sie gelten und gültig bleiben. Für mich war der Aufstieg von dieser Seite ein Ding der Unmöglichkeit. Ich wäre, frühzeitig seelisch überanstrengt und körperlich erschöpft wie ich war, in den Anfängen des Alltäglichen stecken geblieben und so oder so gestorben. Da setzten aber zum ersten Mal jene Kräfte ein, die mich, indem sie mich über die nächsten Hindernisse weghoben, an den Anfang größerer und weniger zeitlicher Aufgaben stellten, für die ich auf merkwürdige Weise reif und noch nicht ermutigt worden war. Da begann ich, in diesem Jenseits gleichsam, meine Arbeit (und Lou war ja der erste Mensch, der mir dazu verhalf), nicht über das Schwere des Lebens weggehoben, aber über die Schwierigkeiten; dort wurde ich, aus all meiner Bangheit heraus, in das Gefühl eingesetzt, zu dem ich unten niemals einen Weg gefunden hätte: in die Liebe zum Leben, die mir aus der für mich so unentbehrlichen Erfahrung erwachsen war, daß das Leben nicht das Feindliche sei, sondern ich, ich selbst, und alles andere mit mir; da empfing ich aus unbeschreiblich wissenden Händen das Recht zu jener Hingabe, die, unten, eine Vernichtung für mich geworden wäre, während sie oben, unter den großen Kräften, meine Schönheit wurde, mein Wachstum, das, worauf ich mich grenzenlos verlassen darf.

Und bin ich, wenn ich da oben aushalte, wo ich nun den größten Teil meines reiferen Lebens verbracht habe, nicht im Wirklichen, im Schweren, nicht unter Pflichten? Und muß nicht, wenn ich nur weit genug gehe, eine Stelle kommen, wo oben und unten so unmerklich ineinander gehen, wie das eines Tages ja auch denen widerfährt, die den anderen, unteren Weg ehrlich und treu bis zu Ende gegangen sind?

Aber es giebt nichts Leichtsinnigeres als Vorsätze, man erschöpft sich in sie, indem man sie faßt und wiederfaßt, es bleibt nichts für die Ausführung übrig.

Wollen wir also Eingeweihte des Lebens sein, müssen wir zweierlei bedenken: Einmal die große Melodie, in der Dinge und Düfte, Gefühle und Vergangenheiten, Dämmerungen und Sehnsüchte mitwirken, – und dann: die einzelnen Stimmen, welche diesen vollen Chor ergänzen und vollenden. Und um ein Kunstwerk, heißt: Bild des tieferen Lebens, des mehr als heutigen, immer zu allen Zeiten möglichen Erlebens, zu begründen, wird es notwendig sein, die beiden Stimmen, *die* einer betreffenden Stunde und *die* einer Gruppe von Menschen darin, in das richtige Verhältnis zu setzen und auszugleichen.

Das Leben ist Veränderung

Aber das Leben *ist* Veränderung, das Gute ist eine und das Schlechte auch, und darum hat *der* Recht, der alles als etwas nimmt, was nicht wiederkommt, mag er dann vergessen oder nicht, wenn er nur eine Weile ganz herum war, der Schauplatz, die Athmosphäre, die Welt dessen, was geschah, wenn es nur *in* ihm geschah, mitten in ihm, Gutes wie Arges –, dann bleibt ihm eigentlich nichts zu befürchten, denn dann ist auch immer ein Nächstes da und jedesmal ein Bedeutendes: so sehr liegt es an unserer Theilnehmung, die Dinge ins Wesenhafte zu steigern, wenn sie unsere Meinung fühlen, nehmen sie sich zusammen und bleiben nicht zurück und sind alles, was sie können; und in jedem Neuen ist dann das Alte ganz, nur anders und um vieles vermehrt.

Ich kann mir kein seligeres Wissen denken, als dieses Eine: daß man ein Beginner werden muß. Einer, der das erste Wort schreibt hinter einem jahrhundertelangen Gedankenstrich.

Um ein Weniges nur übertreibend, möcht ich sagen, daß wir nicht *sind*; wir bilden uns fortwährend neu und anders in dem Durchkreuzungspunkt aller der Einflüsse, die in unser Daseinsgebiet hineinreichen.

Man kann gar nicht oft genug im Leben das Gefühl des Anfangs in sich aufwecken, es ist so wenig äußere Veränderung dafür nöthig, denn wir verändern ja die Welt von unserem Herzen aus, will dieses nur neu und unermeßlich sein, so ist sie sofort wie am Tage ihrer Schöpfung und unendlich.

Wie schön doch, daß wir uns überall wieder einen Sternenhimmel bilden, der Gesetz bleibt, auch wo wir uns trüben und verdunkeln, selbst mit der Schrift, die nur eine Art Abwicklung ist jener Linien in der Innenhand.

Revolution hieße für mich ein einfaches reines Ins-Recht-Setzen des Menschen und seiner gern gewollten und gekonnten Arbeit. Jedes Programm, das nicht dieses Ziel sich ans Ende setzt, scheint mir ebenso aussichtslos, wie irgendeins der vorigen Regierungen und Herrschaften.

Die Ungerechtigkeit war allen menschlichen Bewegungen stets beigegeben, sie wohnt ihnen inne; wenn man einen Weg in die Zukunft kennt, soll man seine Zeit nicht damit verlieren, Ungerechtigkeiten zu vermeiden; man muß sie ganz einfach durch Handeln überwinden.

Es ist ein feines Geräusch in mir und eine Bewegung wie von kommender Flut.

Das Versagen darf ja auch keine Enttäuschung sein für die, die das Äußerste beginnen und sich im bescheiden Proportionierten nicht ansiedeln: es ist der eingeteilte Maßstab unserer Unternehmungen und soll gar nicht auf unser Sentiment bezogen sein und nicht gegen unsere Leistung beweisen, die ja doch aus tausend Wiederanfängen sich immerfort zusammensetzt.

Die Kindheit –, was war es doch? Was *war* es doch, Schwester, die Kindheit? Kann man anders nach ihr fragen als mit dieser rathlosen Frage, – was war es –, jenes Brennen, jenes Staunen, jenes ununterbrochene Nichtanderskönnen, jenes süße, jenes tiefe, jenes strahlende Thränenaufsteigenfühlen? Was war es?

Denn, so seltsam es unter den gegenwärtigen Verhältnissen klingen mag, in der Schule muß das Leben sich verwandeln; wenn es irgendwo weiter, tiefer, menschlicher werden soll, so muß das in der Schule geschehen; später verhärtet es schnell in Berufen und Schicksalen, es hat nicht mehr Zeit, anders zu werden, es muß wirken so wie es ist. In der Schule aber ist Zeit und Stille und Raum; Zeit für jede Entwicklung, Stille für jede Stimme, Raum für das ganze Leben und alle seine Werte und Dinge.

Eine Reihe unsäglicher Irrtümer hat die Schule zum Gegenteil werden lassen: immer mehr ist Leben und Wirklichkeit aus ihr hinausgedrängt worden. Die Schule sollte nur Schule sein, und das Leben war etwas ganz anderes. Es sollte erst später kommen hinter der Schule, und sollte etwas für Erwachsene sein. (Als ob die Kinder nicht lebten, nicht mitten im Leben wären.)

Durch diese unbegreifliche, widernatürliche Abschnürung ist die Schule abgestorben. Ihr ganzer Inhalt ist, weil die Bewegung des Lebens ihm fehlte, zu kalten Klumpen erstarrt.

Ertragen nicht auch die Kinder deshalb so unbegreiflich die heftigsten Umstürze, weil sie im ahnungslos Bedurften leben und nicht wissen, daß Veränderungen hereinbrechen *können*?

Leben Sie jetzt die Fragen

Ich glaube ja im ganzen nicht, daß es darauf ankommt, glücklich zu sein, in dem Sinne, wie die Menschen es erwarten, aber dieses mühsame Glück kann ich so unendlich begreifen, das darin liegt, daß man mit einer entschlossenen Arbeit Mächte aufweckt, die selbst an einem zu arbeiten beginnen.

Daß man doch im Rückblick auf kein menschliches Angesicht, das einem je ernst und offen zugewendet war, sich vorwerfen müßte, es verraten oder versäumt zu haben. Aber da lebt man in der Dichte eines eigenen Körpers, der einem schon rein physisch (weil man ja doch nur von diesem, auch leiblichen Ich ausgehen kann) einen besonderen Maßstab aufdrängt; lebt, mein ich, in der Befangenheit dieses Körpers, und die Umwelt, in der man sich rührt, bringt andere Bindungen und Befängnisse mit sich ..., und so ist man nicht immer so frei, so liebend und arglos, wie man es, den eigenen Vorräten und Überzeugungen nach, sein dürfte. Oft ist es auch Unsicherheit und eben Zerstreutheit, die einen einschränkt; wieviel großmütige Sicherheit seiner selbst wäre nötig, um für jede Stimme, die uns erreicht, das lauterste Gehör und die unbeirrteste Antwort bereit zu haben.

Unter all den Begünstigungen unseres »Lebens« gibt es auch diese, daß zusätzlich zum zarten Übermaß des Augenblicks wir auch die Mittel bekommen haben, diesen Augenblick zu überleben; nicht nur im Bereich der Erinnerungen, sondern auch in der kontinuierlichen Interpretation der uns gewährten Genüsse.

Alle unsere Einsichten sind nachträglich.

Es ist gut, es laut zu sagen: ›Es ist nichts geschehen.‹ Noch einmal: ›Es ist nichts geschehen.‹ Hilft es?

Das Leben ist so wahr, in seiner Gesamtheit, daß selbst die Lüge (falls sie nicht aus niederen Gründen erfolgt) herrlich an dieser unerschütterlichen Wahrheit teilnimmt.

Möge das Leben Ihnen aufgehen, Tür um Tür; mögen Sie in sich die Fähigkeit finden, ihm zu vertrauen, und den Mut, gerade dem Schweren das meiste Vertrauen zu geben. *Jungen Menschen* möchte ich immer nur dieses eine sagen (es ist fast das einzige, was ich bis jetzt sicher weiß) – daß wir uns immer an das *Schwere* halten müssen; das ist unser Teil. Wir müssen so tief ins

Leben hinein gehen, daß es auf uns liegt und *Last* ist: nicht Lust soll um uns sein, sondern Leben.

Denken Sie: ist die Kindheit nicht schwer in all ihrem unerklärten Zusammenhang? Sind die Mädchenjahre nicht schwer, – ziehen sie nicht wie langes schweres Haar das Haupt in die Tiefe großer Traurigkeit? Und es *soll* nicht anders werden; wenn für viele das Leben dann auf einmal leichter wird, leichtsinniger und froher, so ist es nur, weil sie aufgehört haben, es ernst zu nehmen, es in Wirklichkeit zu tragen und mit ihrem eigensten Wesen zu fühlen und zu erfüllen. – Das ist kein Fortschritt im Sinne des Lebens. Das ist eine Absage aller seiner Weiten und Möglichkeiten. Was von uns verlangt wird, ist, daß wir das *Schwere lieben* und mit dem Schweren umgehen lernen. Im Schweren sind die freundlichen Kräfte, die Hände, die an uns arbeiten. Mitten im Schweren sollen wir unsere Freuden haben, unser Glück, unsere Träume: da, vor der Tiefe dieses Hintergrunds, heben sie sich ab, da sehen wir erst, wie schön sie sind. Und nur im Dunkel der Schwere hat unser kostbares Lächeln einen Sinn; da leuchtet es erst mit seinem tiefen, träumenden Licht, und in der Helligkeit, die es für einen Augenblick verbreitet, sehen wir Wunder und Schätze, von denen wir umgeben sind. Das ist alles, was ich zu sagen und zu raten weiß. Was ich sonst wußte oder über alles Wissen hinaus begriff, ist in meinen Versen [...] Es ist so natürlich für mich, *Mädchen und Frauen zu verstehen*; das tiefste Erleben des Schaffenden ist weiblich –: denn es ist empfangendes und gebärendes Erleben. Der Dichter Obstfelder hat einmal, da er von dem Gesichte eines fremden Mannes sprach, geschrieben: »es war, (wenn er zu reden begann) als hätte eine *Frau* innen in ihm Platz genommen –«; es scheint mir, als paßte das auf jeden Dichter, der zu reden beginnt. –

Längst hab ich mich ja gewöhnt, die gegebenen Dinge nach ihrer Intensität aufzufassen, ohne, soweit das menschlich leistbar ist, um die Dauer besorgt zu sein, – es ist am Ende die beste und diskreteste Art, ihnen *alles* zuzumuten –, selbst die Dauer. Fängt man mit *diesem* Anspruch an, so verdirbt und fälscht man jedes Erlebnis, ja man hemmt es in seiner eigensten, innersten Erfindung und Fruchtbarkeit. Das eigentlich Unerflehbare kann immer nur *dazu*-geschenkt werden, – so dacht ich mir auch jetzt: oft im Leben scheint es nur auf die längste Geduld anzukommen!

Man tut gut, gewisse Dinge, die sich nicht mehr ändern werden, einfach festzustellen, ohne die Tatsachen zu bedauern oder auch nur zu beurteilen. So ist mir klar geworden, daß ich nie ein richtiger Leser war. In der Kindheit kam mir das Lesen vor wie ein Beruf, den man auf sich nehmen würde, später einmal, wenn alle die Berufe kamen, einer nach dem andern. Ich hatte, aufrichtig gesagt, keine bestimmte Vorstellung, wann das sein könnte. Ich verließ mich darauf, daß man es merken würde, wenn das Leben gewissermaßen umschlug und nur noch von außen kam, so wie früher von innen. Ich bildete mir ein, es würde dann deutlich und eindeutig sein und gar nicht mißzuverstehn. Durchaus nicht einfach, im Gegenteil recht anspruchsvoll, verwickelt und schwer meinetwegen, aber immerhin sichtbar. Das eigentümlich Unbegrenzte der Kindheit, das Unverhältnismäßige, das Nie-recht-Absehbare, das würde dann überstanden sein. Es war freilich nicht einzusehen, wieso. Im Grunde nahm es immer noch zu und schloß sich auf allen Seiten, und je mehr man hinaussah, desto mehr Inneres rührte man in sich auf: Gott weiß, wo es herkam. Aber wahrscheinlich wuchs es zu einem Äußersten an und brach dann mit einem Schlage ab. Es war leicht zu beobachten, daß die Erwachsenen sehr wenig davon beunruhigt wurden; sie gingen herum und urteilten und handelten, und wenn sie je in Schwierigkeiten waren, so lag das an äußeren Verhältnissen.

An den Anfang solcher Veränderungen verlegte ich auch das Lesen. Dann würde man mit Büchern umgehen wie mit Bekannten, es würde Zeit dafür da sein, eine bestimmte, gleichmäßig und gefällig vergehende Zeit, gerade so viel, als einem eben paßte. Natürlich würden einzelne einem näher stehen, und es ist nicht gesagt, daß man davor sicher sein würde, ab und zu eine halbe Stunde über ihnen zu versäumen: einen Spaziergang, eine Verabredung, den Anfang im Theater oder einen dringenden Brief. Daß sich einem aber das Haar verbog und verwirrte, als ob man darauf gelegen hätte, daß man glühende Ohren bekam und Hände kalt wie Metall, daß eine lange Kerze neben einem herunterbrannte und in den Leuchter hinein, das würde dann, Gott sei Dank, völlig ausgeschlossen sein.

Wonach die Zeit am sehnlichsten verlangt, das sind immer wieder die großen Individualitäten, die anders sind: denn immer ist mit ihnen die Zukunft gewesen. Wenn aber im Kinde die Individualität sich zeigt, wird sie verächtlich oder geringschätzig behandelt, womöglich, was für das Kind am schmerzlichsten ist – verlacht. Man geht mit ihnen um, als ob sie nichts Eigenes hätten, und entwertet ihnen die tiefen Reichtümer, aus denen sie leben, um ihnen dafür Gemeinplätze zu geben. Auch wenn man es den Erwachsenen gegenüber nicht mehr ist, ihnen gegenüber ist man unduldsam und ungeduldig. Das Recht, das man jedem Großen selbstverständlich zugesteht, eine eigene Meinung zu haben, ihnen versagt man es. Die ganze Erziehung, wie sie heute ist, besteht in einem fortwährenden Kampf mit dem Kinde, in dem schließlich beide Teile zu den verwerflichsten Mitteln greifen. Und die Schule setzt nur fort, was die Eltern begonnen haben. Sie ist ein systematischer Kampf gegen die Persönlichkeit. Sie verachtet den Einzelnen, seine Wünsche und Sehnsüchte, und sie sieht ihre Aufgabe darin, ihn auf das Niveau der Masse herabzudrücken. Man lese die Lebensgeschichte aller großen Menschen; sie sind, was sie geworden sind, immer *trotz* der Schule geworden, nicht durch sie.

Es giebt Zeiten, ich weiß, wo es geradezu eine Rettung bedeutet, alles als Zerstreuung aufzufassen, aber das sind Ausnahmen, Kurzzeiten, Rekonvaleszenzen.

Gibt es doch eigentlich keine guten Gewohnheiten: alles Gute, noch so oft, noch so unwillkürlich wiederholt, ist jedes Mal neu und spontan.

Das Leben geht, und es geht an vielen vorbei in der Ferne, und um die Wartenden macht es einen Umweg.

Vor etwa zehn Tagen habe ich Paris verlassen, recht leidend und müde, und bin in eine große nördliche Ebene gefahren, deren Weite und Stille und Himmel mich wieder gesund machen soll. Aber ich fuhr in einen langen Regen hinein, der heute erst sich ein wenig lichten will über dem unruhig werdenden Land; und ich benutze diesen ersten Augenblick Helle, um Sie zu grüßen, lieber

Herr. Sehr lieber Herr Kappus: Ich habe einen Brief von Ihnen lange ohne Antwort gelassen, nicht daß ich ihn vergessen hätte – im Gegenteil: er war von der Art derer, die man wieder liest, wenn man sie unter den Briefen findet, und ich erkannte Sie darin wie aus großer Nähe. Es war der Brief vom zweiten Mai, und Sie erinnern sich seiner gewiß. Wenn ich ihn, wie jetzt, in der großen Stille dieser Fernen lese, dann rührt mich Ihre schöne Sorge um das Leben, mehr noch, als ich das schon in Paris empfunden habe, wo alles anders anklingt und verhallt wegen des übergroßen Lärmes, von dem die Dinge zittern. Hier, wo ein gewaltiges Land um mich ist, über das von den Meeren her die Winde gehen, hier fühle ich, daß auf jene Fragen und Gefühle, die in ihren Tiefen ein eigenes Leben haben, nirgend ein Mensch Ihnen antworten kann; denn es irren auch die Besten in den Worten, wenn sie Leisestes bedeuten sollen und fast Unsägliches. Aber ich glaube trotzdem, daß Sie nicht ohne Lösung bleiben müssen, wenn Sie sich an Dinge halten, die denen ähnlich sind, an welchen jetzt meine Augen sich erholen. Wenn Sie sich an die Natur halten, an das Einfache in ihr, an das Kleine, das kaum einer sieht, und das so unversehens zum Großen und Unermeßlichen werden kann; wenn Sie diese Liebe haben zu dem Geringen und ganz schlicht als ein Dienender das Vertrauen dessen zu gewinnen suchen, was arm scheint: dann wird Ihnen alles leichter, einheitlicher und irgendwie versöhnender werden, nicht im Verstande vielleicht, der staunend zurückbleibt, aber in Ihrem innersten Bewußtsein, Wach-sein und Wissen. Sie sind so jung, so vor allem Anfang, und ich möchte Sie, so gut ich es kann, bitten, lieber Herr, Geduld zu haben gegen alles Ungelöste in Ihrem Herzen und zu versuchen, *die Fragen selbst* liebzuhaben wie verschlossene Stuben und wie Bücher, die in einer sehr fremden Sprache geschrieben sind. Forschen Sie jetzt nicht nach den Antworten, die Ihnen nicht gegeben werden können, weil sie nicht leben könnten. Und es handelt sich darum, alles zu leben. *Leben* Sie jetzt die Fragen. Vielleicht leben Sie dann allmählich, ohne es zu merken, eines fernen Tages in die Antwort hinein.

Es ist möglich, daß unsere Natur sich wirklich oft rächt für das Ungemäße, Ausländische, das wir ihr zumuten, und daß zwischen uns und unserer Umgebung Risse entstehen, die nicht ganz an der Oberfläche bleiben. Aber warum haben unsere Voreltern von allen diesen fremden Dingen gelesen: indem sie sie in sich anwachsen ließen zu Träumen, zu Wünschen, zu vagen phantastischen Bildern, indem sie duldeten, daß ihr Herz seine Gangart wechselte, von irgendeiner Abenteuerlichkeit angespornt, indem sie, grenzenlose und mißverstandene Ferne in sich, am Fenster standen, mit einem Blick, der dem Hof und dem Garten da draußen fast verächtlich den Rücken kehrte, haben sie so recht eigentlich das heraufbeschworen, was wir nun zu tun und gleichsam gutzumachen haben. Sie verloren mit der Umgebung, die sie nicht mehr sahen, die ganze Wirklichkeit aus dem Auge, die Nähe erschien ihnen langweilig und alltäglich, und das, was Ferne war, hing von ihrer Laune und Einbildung ab. Und Nähe und Weite kamen darüber in Vergessenheit. Darum ist es uns zugefallen, zwischen beiden gar nicht zu unterscheiden, beides auf uns zu nehmen und wiederherzustellen, als die eine Wirklichkeit, die in Wahrheit nirgends eingeteilt oder abgeschlossen ist und nicht gewöhnlich um uns herum und romantisch ein wenig weiterhin, und nicht hier langweilig und dort drüben voller Abwechslung. Sie unterschieden damals so krampfhaft zwischen dem Fremden und dem Gewohnten; sie merkten nicht, wie sehr beides überall ist im dichtesten Durchdringen. Sie sahen nur, daß das Nahe ihnen nicht gehörte, und darum dachten sie, das eigentlich Besitzbare und Wertvolle, das wäre in der Fremde, und sehnten sich danach. Und sie hielten ihre uneingeschränkte und erfinderische Sehnsucht für einen Beweis seiner Schönheit und Größe. Denn sie meinten überhaupt noch, daß wir etwas in uns hereinholen könnten, einziehen, verschlucken, während wir doch von Anfang an so angefüllt sind, daß nicht das kleinste Ding hinzu kommen könnte. Aber wirken können sie alle. Und alle wirken sie aus der Ferne, die nahen wie die entlegenen Dinge, keines rührt uns an, alle verkehren mit uns über die Trennungen hin, und so wenig die äußersten Sterne in uns eingehen können, so wenig kann es der Ring an meiner Hand: nur wie der Magnet in irgendeinem empfindlichen Ding die Kräfte aufruft und ordnet, so können sie in uns eine neue Ordnung machen, indem sie auf uns einwirken. Und vor dieser Einsicht: verschwindet da nicht Nähe und Ferne? Und ist es nicht unsere Einsicht?

Sie sollen nicht ohne einen Gruß von mir sein, wenn es Weihnachten wird und wenn Sie, inmitten des Festes, Ihre Einsamkeit schwerer tragen als sonst. Aber wenn Sie dann merken, daß sie groß ist, so freuen Sie sich dessen; denn was (so fragen Sie sich) wäre eine Einsamkeit, welche nicht Größe hätte; es gibt nur *eine* Einsamkeit, und die ist groß und ist nicht leicht zu tragen, und es kommen fast allen die Stunden, da Sie sie gerne vertauschen möchten gegen irgendeine noch so banale und billige Gemeinsamkeit, gegen den Schein einer geringen Übereinstimmung mit dem Nächstbesten, mit dem Unwürdigsten ... Aber vielleicht sind das gerade die Stunden, wo die Einsamkeit wächst; denn ihr Wachsen ist schmerzhaft wie das Wachsen der Knaben und traurig wie der Anfang der Frühlinge. Aber das darf Sie nicht irremachen. Was not tut, ist doch nur dieses: Einsamkeit, große innere Einsamkeit. In-sich-Gehen und stundenlang niemandem begegnen, – das muß man erreichen können. Einsam sein, wie man als Kind einsam war, als die Erwachsenen umhergingen, mit Dingen verflochten, die wichtig und groß schienen, weil die Großen so geschäftig aussahen und weil man von ihrem Tun nichts begriff.

Und wenn man eines Tages einsieht, daß ihre Beschäftigung armselig, ihre Berufe erstarrt und mit dem Leben nicht mehr verbunden sind, warum dann nicht weiter wie ein Kind darauf hinsehen als auf ein Fremdes, aus der Tiefe der eigenen Welt heraus, aus der Weite der eigenen Einsamkeit, die selber Arbeit ist und Rang und Beruf? Warum eines Kindes weises Nicht-Verstehen vertauschen wollen gegen Abwehr und Verachtung, da doch Nicht-Verstehen Alleinsein ist, Abwehr und Verachtung aber Teilnahme an dem, wovon man sich mit diesen Mitteln scheiden will.

Denken Sie, lieber Herr, an die Welt, die Sie in sich tragen, und nennen Sie dieses Denken, wie Sie wollen; mag es Erinnerung an die eigene Kindheit sein oder Sehnsucht zur eigenen Zukunft hin, – nur seien Sie aufmerksam gegen das, was in Ihnen aufsteht, und stellen Sie es über alles, was Sie um sich bemerken. Ihr innerstes Geschehen ist Ihrer ganzen Liebe wert, an ihm müssen Sie irgendwie arbeiten und nicht zu viel Zeit und zu viel Mut damit verlieren, Ihre Stellung zu den Menschen aufzuklären. Wer sagt Ihnen denn, daß Sie überhaupt eine haben?

Ich weiß, Ihr Beruf ist hart und voll Widerspruch gegen Sie, und ich sah Ihre Klage voraus und wußte, daß sie kommen würde. Nun sie gekommen ist, kann ich Sie nicht beruhigen, ich kann Ihnen nur raten, zu überlegen, ob nicht alle Berufe so sind, voll von Ansprüchen, voll Feindschaft gegen den Einzelnen, vollgesogen gleichsam mit dem Haß derer, die sich stumm und mürrisch in die nüchterne Pflicht gefunden haben. Der Stand, in dem Sie jetzt leben müssen, ist nicht schwerer mit Konventionen, Vorurteilen und Irrtümern belastet als alle die anderen Stände, und wenn es welche gibt, die eine größere Freiheit zur Schau tragen, so gibt es doch keinen, der in sich weit und geräumig und mit den großen Dingen, aus denen das wirkliche Leben besteht, in Beziehung ist. Nur der Einzelne, der einsam ist, ist wie ein Ding unter die tiefen Gesetze gestellt, und wenn einer hinausgeht in den Morgen, der anhebt, oder hinaus in den Abend schaut, der voll Ereignis ist, und wenn er fühlt, was da geschieht, so fällt aller Stand von ihm ab, wie von einem Toten, obwohl er mitten in lauter Leben steht. Was Sie, lieber Herr Kappus, jetzt als Offizier erfahren müssen, Sie hätten es ähnlich in jedem der bestehenden Berufe gefühlt, ja sogar wenn Sie, außerhalb jeder Stellung, mit der Gesellschaft allein leichte und selbständige Berührung gesucht hätten, würde Ihnen dieses beengende Gefühl nicht erspart geblieben sein.

Es ist überall so; aber das ist kein Grund zu Angst oder Traurigkeit; wenn keine Gemeinsamkeit zwischen den Menschen ist und Ihnen, versuchen Sie es, den Dingen nahe zu sein, die Sie nicht verlassen werden; noch sind die Nächte da und die Winde, die durch die Bäume gehen und über viele Länder; noch ist unter den Dingen und bei den Tieren alles voll Geschehen, daran Sie teilnehmen dürfen; und die Kinder sind noch so, wie sie gewesen sind als Kind, so traurig und glücklich, – und wenn Sie an Ihre Kindheit denken, dann leben Sie wieder unter ihnen, unter den einsamen Kindern, und die Erwachsenen sind nichts, und ihre Würde hat keinen Wert.

Und wenn es Ihnen bang und quälend ist, an die Kindheit zu denken und an das Einfache und Stille, das mit ihr zusammenhängt, weil Sie an Gott nicht mehr glauben können, der überall darin vorkommt, dann fragen Sie sich, lieber Herr Kappus, ob Sie Gott denn wirklich verloren haben. Ist es nicht vielmehr so, daß Sie ihn noch nie besessen haben? Denn wann sollte das gewesen sein? Glauben Sie, ein Kind kann ihn halten, ihn, den Männer nur mit Mühe tragen und dessen Gewicht die Greise zusammendrückt? Glauben Sie, es könnte, wer ihn wirklich hat, ihn verlieren wie einen kleinen Stein, oder meinen Sie nicht auch, wer ihn hätte, könnte nur noch von ihm verloren werden? –

Wenn Sie aber erkennen, daß er in Ihrer Kindheit nicht war, und nicht vorher, wenn Sie ahnen, daß Christus getäuscht worden ist von seiner Sehnsucht und Muhammed betrogen von seinem Stolze, – und wenn Sie mit Schrecken fühlen, daß er auch jetzt nicht ist, in dieser Stunde, da wir von ihm reden, – was berechtigt Sie dann, ihn, welcher niemals war, wie einen Vergangenen zu vermissen und zu suchen, als ob er verloren wäre?

Warum denken Sie nicht, daß er der Kommende ist, der von Ewigkeit hervorsteht, der Zukünftige, die endliche Frucht eines Baumes, dessen Blätter wir sind? Was hält Sie ab, seine Geburt hinauszuwerfen in die werdenden Zeiten und Ihr Leben zu leben wie einen schmerzhaften und schönen Tag in der Geschichte einer großen Schwangerschaft? Sehen Sie denn nicht, wie alles, was geschieht, immer wieder Anfang ist, und könnte es nicht *Sein* Anfang sein, da doch Beginn an sich immer so schön ist? Wenn er der Vollkommenste ist, muß nicht Geringeres *vor* ihm sein, damit er sich auswählen kann aus Fülle und Überfluß? – Muß *er* nicht der Letzte sein, um alles in sich zu umfassen, und welchen Sinn hätten wir, wenn der, nach dem wir verlangen, schon gewesen wäre?

Wie die Bienen den Honig zusammentragen, so holen wir das Süßeste aus allem und bauen Ihn. Mit dem Geringen sogar, mit dem Unscheinbaren (wenn es nur aus Liebe geschieht) fangen wir an, mit der Arbeit und mit dem Ruhen hernach, mit einem Schweigen oder mit einer kleinen einsamen Freude, mit allem, was wir allein, ohne Teilnehmer und Anhänger tun, beginnen wir Ihn, den wir nicht erleben werden, so wenig unsere Vorfahren uns erleben konnten. Und doch sind sie, diese Langevergangenen, in uns, als Anlage, als Last auf unserem Schicksal, als Blut, das rauscht, und als Gebärde, die aufsteigt aus den Tiefen der Zeit.

Gibt es etwas, was Ihnen die Hoffnung nehmen kann, so einstens in Ihm, in dem Fernsten, Äußersten zu sein? Feiern Sie, lieber Herr Kappus, Weihnachten in diesem frommen Gefühl, daß Er vielleicht gerade diese Lebensangst von Ihnen braucht, um zu beginnen; gerade diese Tage Ihres Überganges sind vielleicht die Zeit, da alles in Ihnen an Ihm arbeitet, wie Sie schon einmal, als Kind, atemlos an Ihm gearbeitet haben. Seien Sie geduldig und ohne Unwillen und denken Sie, daß das wenigste, was wir tun können, ist, Ihm das Werden nicht schwerer zu machen, als die Erde es dem Frühling macht, wenn er kommen will.

O, wenn unsere Eltern doch mit uns geboren würden, wieviel Rückwege und Bitterkeiten blieben uns erspart. Aber Eltern und Kinder können doch stets nur nebeneinander gehen, nie miteinander, ein tiefer Graben ist zwischen ihnen, über den sie sich dann und wann eine kleine Liebe reichen können.

Das Spiel des Schicksals

Und doch, ist nicht dies das Leben –? ich glaube: daß aus so viel dürftigen, bangen, kleinlichen und schmählichen Einzelheiten sich am Ende doch ein großartiges Ganzes zusammensetzt, das ja nicht wäre, wenn wirs verstünden und leisteten, sondern an dem wir mit unserem Können und unserem Mißlingen gleich weit beteiligt sind.

Erinnere dich an Menschen, die du beisammen fandest, ohne daß sie eine gemeinsame Stunde um sich hatten. Zum Beispiel Verwandte, die sich im Sterbezimmer einer wirklich geliebten Person begegnen. Da lebt die eine in dieser, die andere in jener tiefen Erinnerung. Ihre Worte gehen aneinander vorbei, ohne daß sie von einander wissen. Ihre Hände verfehlen sich in der ersten Verwirrung. – Bis der Schmerz hinter ihnen breit wird. Sie setzen sich hin, senken die Stirnen und schweigen. Es rauscht über ihnen wie ein Wald. Und sie sind einander nahe, wie nie vorher.

Ist es nicht sonderbar, daß fast alle großen Philosophen und Psychologen immer der Erde und nur der Erde

Aufmerksamkeit zuwandten? Wäre es nicht erhabener, von dem Klümpchen abzusehen und nicht ein Stäubchen im Weltall, sondern das All selbst zu betrachten? – Denken Sie, werter Herr, wie müßten die irdischen Mühsale klein und unbedeutend erscheinen mit dem Augenblick, wo unsere Erde zusammenschrumpfen müßte zum kleinsten, hinwirbelnden, willenlosen Teilchen einer unendlichen Welt! Und wie müßte der Mensch wachsen auf seiner »kleinen Erde«!

Ja, wie wunderlich es doch zugeht im Leben, wäre nicht irgendwo ein Stück Hochmut darin, man möchte ja gerne draußenstehen, allem gegenüber, das heißt, allem Begebnis, um nur ja nichts zu verlieren –, in der eigentlichen Lebensmitte, wo alles zusammenkommt und keinen Namen hat, bliebe man dann ja doch befestigt, vielleicht erst recht, – aber schließlich habens doch auch wieder die Namen uns angetan, die Titel, die Vorwände des Lebens, weil das Ganze zu unendlich ist und wir uns daran erholen, es eine Weile mit dem Namen einer Liebe zu nennen, so sehr es dann auch diese leidenschaftliche Einschränkung ist, die uns ins Unrecht setzt, die uns schuldig macht, die uns tötet.

Eines ist nur wahr neben dem anderen, und ich denke immer, die Welt ist geräumig genug vorgesehen, um alles zu erfassen: das, was war, muß nicht von der Stelle geräumt, nur langsam verwandelt werden, so wie das, was sein wird, nicht von den Himmeln fällt im letzten Augenblick, sondern immer schon neben uns, um uns und in unseren Herzen sich aufhält, auf den Wink wartend, der es ins Sichtbare ruft.

Ja, Chère, ich wußte ihre Freude voraus und auch dies, diese eigenthümliche Ergriffenheit und Sehnsucht vor dem Leben, wie es sich dort [Rosen-Oase bei Tunis] darstellt: diesem in sich beruhenden, nicht aus sich hinaus, nicht von sich fortstürzenden Leben. Dort ist, in jeder Gestalt, jenes statische Prinzip verwirklicht, das wir doch zuletzt meinen: jenes, das nicht ein wechselndes Sich-halten ist im Labilen, sondern ein Aufruhen in der Mitte, in die man zurückfällt aus allen Wagnissen und Veränderungen. Man ist dort wie der Würfel im Becher: eine unbekannte Spielerhand schüttelt ihn zwar, und man stürzt aus ihm und bedeutet draußen, im Auffallen, viel oder wenig. Aber man wird, nachdem der Wurf vorüber ist, in den Becher zurückgeholt, und dort, innen, im Becher, *wie* man auch zu liegen kommt, bedeutet man alle seine Zahlen, alle seine Flächen. Und es kommt, im Innern des Bechers, kein Glück in Betracht und kein Mißgeschick, sondern das bloße Dasein, das Würfel-Sein, das sechs Flächen haben, sechs Chancen, immer wieder alle –, und die eigenthümliche

Sicherheit, sich selber nicht auswerfen zu können; der Stolz, zu wissen, daß es eines göttlichen Wagnisses bedürfe, damit einer aus der Tiefe dieses Bechers auf den Tisch der Welt geworfen werde, in's Spiel des Schicksals. Dies ist der reine Sinn von Tausend und Einer Nacht und dies die Spannung derer, die diesen Erzählungen zuhören: daß der Lastträger, der Bettler, der Kameltreiber –, irgend-einer, der nun einen kleinen Wurf ergeben hat, zurückgenommen wird in den Spielbecher, um noch einmal risquiert zu sein. Und daß es die Welt ist, in die man fällt, unter Sterne, zu Mädchen, Kindern, Hunden und Abfällen, daß es nichts Unklares giebt in den Verhältnissen, in die man gerathen kann; zwar zu Großes oder zu Böses, zu Listiges oder einfach Verhängnisvolles ..., aber man hat es entweder mit anderen Würfeln zu thun, oder mit den Würfen, mit den Geistern, die die Becher schütteln und ein Ihriges wagen dabei. Es ist ein lauteres Spiel, unabsehlich und immer neu aufgenommen, über einen hinaus, aber doch so, daß keiner in keinem Augenblick werthlos sei, oder schlecht oder schmählich; denn wer kann dafür, daß es so oder so aus dem Becher fällt?

Ein denkendes, ein uns mitwissendes Schicksal ... ja, oft wünschte man durch ein solches bestärkt und bestätigt zu sein; aber wärs nicht zugleich sofort ein uns von außen anschauendes, ein uns zuschauendes, mit dem wir nicht mehr allein wären? Daß wir einem »blinden Schicksal« eingelegt sind, ihm innewohnen, ist doch gewissermaßen die Bedingung unseres eigenen Blicks, unserer schauenden Unschuld. – Erst durch die »Blindheit« unseres Schicksals sind wir mit dem wunderbar Dumpfen der Welt, das heißt mit dem Ganzen, Unübersehlichen und uns Übertreffenden recht tief verwandt …

Es tut in jedem Falle gut, sich sehr oft zu erinnern, daß es über allem Seienden Gesetze gibt, die niemals zu wirken versäumen, die vielmehr herbeistürzen, um an jedem Stein und jeder Feder, die wir fallen lassen, sich zu bewähren und zu versuchen.

Alles Irren besteht also nur im Nichterkennen der Gesetzmäßigkeit, unter welcher wir im gegebenen Fall stehen, und alle Lösung beginnt mit unserer Aufmerksamkeit und Sammlung, die uns leise in die Kette der Ereignisse einreiht und unserm Willen seine wiegenden Gleichgewichte wiedergibt.

Das Schicksal liebt es, Muster und Figuren zu erfinden. Seine Schwierigkeit beruht im Komplizierten. Das Leben selbst aber ist schwer aus Einfachheit. Es haben nur ein paar Dinge von uns nicht angemessene Größe. Der Heilige, indem er das Schicksal ablehnt, wählt diese, Gott gegenüber. Daß aber die Frau, ihrer Natur nach, in Bezug auf den Mann die gleiche Wahl treffen muß, ruft das Verhängnis aller Liebesbeziehungen herauf: entschlossen und schicksalslos, wie eine Ewige, steht sie neben ihm, der sich verwandelt. Immer übertrifft die Liebende den Geliebten, weil das Leben größer ist als das Schicksal. Ihre Hingabe will unermeßlich sein: dies ist ihr Glück. Das namenlose Leid ihrer Liebe aber ist immer dieses gewesen: daß von ihr verlangt wird, diese Hingabe zu beschränken.

Es ist keine andere Klage je von Frauen geklagt worden: die beiden ersten Briefe Heloïsens enthalten nur sie, und fünfhundert Jahre später erhebt sie sich aus den Briefen der Portugiesin; man erkennt sie wieder wie einen Vogelruf. Und plötzlich geht durch den hellen Raum dieser Einsicht der Sappho fernste Gestalt, die die Jahrhunderte nicht fanden, da sie sie im Schicksal suchten.

Das alte Kinderelend aber, Liebe, löst sich endlich auf in alledem: denn hier steht man, das gleiche Ausgeschlossensein nochmals von Anfang an durchmachend, nicht vor findigen und überlegenen Erwachsenen, – sondern vor den begünstigten Kindern einer anderen Welt, in der so heilzubleiben das Natürliche war. Freilich können wir nicht, wie Isabella Eberhardt, »hinein«, auch dieses Ersehnliche schließt uns aus und verleugnet uns. Aber, es erfahrend so wie es ist, erwerben wirs nicht mit jener

Kraft, die einst an die Großen, da wir Kinder waren, anzuwenden, unmöglich war ...: mit dem freien zustimmenden Einsehen? – Daß Sie einsehen, Liebe, vom ersten Schritte an, *das* hat sie so seelig und erregt fühlen lassen, daß Sie dies nur mit mir erleben könnten, eben um meines Einsehens willen. Aber dieses große Einsehen, Chère, das vorher nicht da war, bringt man mit herüber, und so diskret und verborgen man es dann auch in sich trägt, es verträgt manche Anwendung und ändert manches. Jenes arabische Dasein ist ja nur möglich, wenn man eben den *Stern Erde* bewohnt und den Weltraum athmet. Wir sind von der Erde durch Ablagerungen des Vergangenen abgetrennt, die sich bei uns nicht aufzehren, – und der größte Theil dessen, was wir athemholen, ist Ausgeathmetes von Menschen, Maschinen und Verwesungen. Aus diesem ein freieres Herz zu gewinnen, ist eine komplizierte und widersprüchliche Leistung, und Gewinn und Niederlage durchdringen sich fortwährend auf eine beängstigende Art. Trotzdem ist ja auch hier ein ungeheueres Abgewinnen möglich gewesen: denken Sie an Musik, an gewisse Bilder, an Dichtung, – ja aber selbst an gewisse Constellationen des menschlichen Umgangs: wir würden mit dem Arabischen, ob es gleich eine erschütternde Reinigung und Vereinfachung wäre, nicht auskommen. Aber es zu wissen, gewährt eine neue Sicherheit und Befreundung zur Erde; nun erst hat sie einen empfangen, die Herrscherin; nun erst kennt man die Unmittelbarkeit ihrer harten und herrlichen Natur, von der unsere Frühlinge Auslegungen geben und verzierte Variationen. Nun erst weiß man, wie unverziert sie ist, wie unverzierbar, wie alt und ebenbürtig dem Ursprung und dabei wie nah immer noch am Geschaffensein. Und von ihr aus, wenn man sie *so* wahrgenommen hat, werden die Welträume errathbarer. Und wir haben Menschen geschaut, die standhalten, die nicht einfach ausfallen in diesem Einander-Ertragen der Gestirne, Menschen, die irgendwie mitgerissen sind von den Gebräuchen der Sterne; – Menschen, die liegen, hocken und dastehn, Menschen die wandeln; die den Tanz kennen, das Spiel, den Handel (als eine Art Bewegung voller Vorläufigkeit und Wiederkehr); die Liebe (als die größere und kühnere Bewegtheit, aber auch als die Stille, in der man die Wasser, die Thiere hört und das Blut –) und den großen Trank für den Durst und das Nothwendigste an Nahrung.

Man kann sich die Weiten und Möglichkeiten des Lebens gar nicht unerschöpflich genug denken. Kein Schicksal, keine Absage, keine Not ist einfach aussichtslos; irgendwo kann das härteste Gestrüpp es zu Blättern bringen, zu einer Blüte, zu einer Frucht. Und irgendwo in Gottes äußerster Vorsehung wird auch schon ein Insekt sein, das aus dieser Blüte Reichtum trägt, oder ein Hunger, dem diese Frucht willkommen ist. Und sollte sie bitter sein, so wird sie doch mindestens einem Auge erstaunlich gewesen sein und wird ihm Lust gemacht haben und Neugier nach Formen und Farben und Hervorbringungen des Dickichts; und sollte sie abfallen, so fällt sie in die Fülle des Künftigen und trägt noch in ihrem letzten Zerfall dazu bei, es reicher, bunter, drängender und wachsender zu machen.

Hier begriff ich, daß man sein Leben so weit als möglich leben müsse, nicht dem Tage nach, sondern in die Tiefe. Daß man nicht das Nächste thun muß, wenn man fühlt, daß man am Übernächsten, am Fernen, am Entferntesten mehr Antheil hat. Daß man träumen darf, während andere retten, wenn diese Träume einem wirklicher sind als die Wirklichkeit und nothwendiger als Brot. Mit einem Wort: daß man *die äußerste Möglichkeit, die man in sich trägt, zum Maßstabe seines Lebens machen müsse. Denn unser Leben ist groß, und es geht soviel Zukunft hinein, als wir tragen können.*

Aber jede Erde, die lebt, strahlt ihren Himmel aus und wirft Sternennächte weit hinaus in die Ewigkeit.

Wieviel Pracht in den kleinsten Dingen

Dies scheint mir immer noch das Wunderbarste des Lebens, daß oft das Plumpe und Grobe irgendeines Eingriffs, daß eine offenkundige Verstörung zum Anlaß werden kann, eine neue Ordnung in uns anzulegen. Dies ist ja die vorzüglichste Leistung der Lebenskraft, daß sie sich das Böse in Gutes auslegt und recht eigentlich umkehrt: Ohne diese Zauberei wären wir alle böse, denn Böses kommt an jeden heran und in jeden hinein, und man könnte jeden in einem Moment überraschen, da er »schlecht« wäre; nur daß man nicht stehen bleibe, *das* ist das Geheimnis, daß man *lebe*, – nichts ist unhaltbarer als das Schlechte, darum dürfte kein Mensch je denken, daß er es »sei«, er rühre sich: schon ist er es nicht mehr.

Wenn der Mensch doch aufhörte, sich auf die Grausamkeit in der Natur zu berufen, um seine eigene zu entschuldigen! Er vergißt, wie unendlich schuldlos auch noch das Fürchterlichste in der Natur geschieht, sie sieht ihm nicht zu, sie hat keine Distanz dazu,– sie *ist* im Entsetzlichsten ganz, auch ihre Fruchtbarkeit ist darin, ihre Großmut –; es [ist], wenn man so sagen soll, auch nichts anderes als ein Ausdruck ihrer Fülle. Ihr Bewußtsein besteht in ihrer Vollzähligkeit, weil sie *alles* enthält, enthält sie auch das Grausame, – der Mensch aber, der nie imstande sein wird, alles zu umfassen, ist nie sicher, wo er das Furchtbare wählt, sagen wir den Mord –, auch schon das Gegenteil dieses Abgrundes zu enthalten, und so richtet ihn im selben Augenblick seine Wahl, da sie ihn zu einer Ausnahme macht, zu einem vereinzelten, vereinseitigten Wesen, welches ans Ganze nicht mehr angeschlossen ist. Der gute, der rein entschlossene, der fähige Mensch würde das Böse, das Verhängnis, das Leid, das Unheil, den Tod nicht aus den gegenseitigen Verhältnissen ausschließen können, aber wo ihn eines davon träfe oder er zur Ursache dessen würde, da stünde er nicht anders da als ein Heimgesuchter in der Natur, oder heimsuchend wider seinen Willen, wäre er wie der verheerende Bach, der anschwillt durch irgendwelche herabstürzenden Tauwässer, deren Einmündung in ihn er sich nicht zu verschließen vermag.

Allerdings: niemand als Sie weiß, was ein vollkommenes Alleinsein, Unbeobachtet-, Ungesehen-, Unsichtbarsein für mich ist. Drei Tage in Neapel ging ich damit wie mit einem Kleinod um in all der herrlich fremden Welt. Aber nun ging es ja nicht anders; es war ja kein Ausweg und mit diesem wirklich hülfreichen und teilnahmsvollen Menschen fiele ja auch das Beschütztsein und Besorgtsein fort, das ich, noch nicht gar befestigt in der Gesundheit, doch gerade jetzt muß würdigen können.

Und nun Capri. Ach ja. So recht zuzulernen hab ich da nichts. [...] Nun, dieser Ort hat sein Gepräge durch recht übel ausgestellte Begeisterung bekommen; die Fremden sind fort, größtenteils, aber die Spuren ihrer dummen, immer in dieselben Löcher hineinfallenden Bewunderung sind so augenfällig und haften so sehr, daß selbst die ungeheueren Stürme, die die Insel ab und zu in den Rachen nehmen, sie nicht mitreißen. Ich werde jedesmal recht traurig in solchen Landschafts-Ausstellungen, vor dieser deutlichen, preisgekrönten, unanfechtbaren Schönheit. Da es doch schon fast zu viel ist, einen Stein am Wege aufzulesen, eine Kastanie, ein welkes Blatt, da schon die Schönheit eines kleinen unscheinbaren und gemeinhin geringen Dinges (wenn man sie einmal erkannt hat) das Herz überfließen macht, was soll man in solchen Schönheits-Konzerten, wo alles Programm-Nummer ist und erprobt und beabsichtigt und ausgewählt? Es kann sein, daß man mit diesen Schönheits-Bilderbogen anfangen könnte, sehen und lieben zu lernen, aber ich bin ein klein wenig zu fortgeschritten, um davor A und O zu sagen. Das Entzücken-Buchstabieren ist lange hinter mir und darin besteht ja vielleicht meine ganze Lebensfreud und -aufgabe: daß ich, wenn gleich ganz anfängerhaft, unter denen bin, die das Schöne hören und seine Stimme erkennen, selbst wo sie sich kaum aus den Geräuschen heraushebt; daß ich weiß, daß der liebe Gott uns nicht unter die Dinge gesetzt hat, um auszuwählen, sondern um das Nehmen so gründlich und groß zu betreiben, daß wir schließlich gar nichts anderes als Schönes empfangen können in unserer Liebe, unserer wachen Aufmerksamkeit, unserer gar nicht zu beruhigenden Bewunderung. Und um in diesem Gefühle zuzunehmen, ist hier nicht der Ort.

Dieses Fragen ist die fragende Natur unseres eigensten Lebens –, wer erwidert ihr? Das Glück, das Unheil, ein unvorhersehlicher Augenblick des Herzens bestürmt uns vielleicht plötzlich mit Erwiderung, oder sie vollzieht sich in uns selbst langsam und unscheinbar, oder ein Mensch schlägt sie vor uns auf, diese Erwiderung, sie überfüllt seinen Blick, sie steht auf der neuen Seite seines Herzens, die er selber nicht kennt, die wir ihm vorlesen.

Der große Park um das Schloß ist nicht zu gepflegt und wirkt vor allem durch seine Riesenbäume. Es gibt Linden und Kastanien wie Berge; Bäume mit dunkelroten Blättern (ich weiß nicht, wie sie heißen), die wie Träume sind, und Nadelhölzer irgendwelcher fremdländischen Art, mit langen zottig hängenden Zweigen, die an das Fell urweltlicher Urtiere erinnern. Und das Blühen all dieser großen, alten Azaleenbüsche und ganzer hoher Hänge von Jasmin! Pfingstrosen brennen irgendwo im Dunkel von Bäumen wie Lagerfeuer, und der Goldregen fällt aus einer Höhe nieder, als käme er aus dem lichten Sommerhimmel. Und die Rosen beginnen. Hier habe ich eine Art Rose gesehen mit langen Ranken und Dornen, die gleichsam – Schwimmhäute haben. So sitzen sie, die Dornen am Stamm, und die ganze Fläche ist rot und durchscheinend, wie von lebendigem Blute: das wirkt ganz seltsam. Kennen Sie diese Art?

Da sind Morgen, alle Vögel rufen so besonders, und eine seltsame Erregtheit ist in der Luft, und da weiß ich mich fast nicht[t] zu fassen vor Sehnsucht nach langem Alleinsein, nach irgend etwas so unbedingt Meinem wie jene römischen Tage, an die ich oft denken muß, weil es im Garten jetzt manchmal so ähnlich anklingt. Und Morgen, und Nachmittage mit der Bibel auf dem Lesepult, und Abende ohne Grenzen, und Nächte, wie aus dem eigenen Herzen hinaussteigend, – und alles mein. Und morgen wieder ein Tag. Ich dachte was tun, aber die Zeit hier ist schon so gut wie um, Sonntag fahr ich und – – –. Aber das Leben will es so, Deines und meines ... unser Leben, dem wir immer wieder Recht geben mußten: sein Recht. – – –

... Ich denke jetzt an so vieles, und Praktisches drängt sich mit ganz Grenzenlosem in mir wie in Träumen manchmal. Alles, was bedacht und besorgt sein will, und all das andere, was an ein Meer möchte und singen möchte, tagelang, nächtelang.

Daß das Leben jedem späteren Armwerden mit den seine Masse übertrefflichsten Reichtümern schon längst zuvorgekommen sei. – Was also bliebe zu fürchten? – Nur, daß man dies vergäße! Aber um uns, in uns, *wieviel* Hülfen zur Erinnerung!

Die Kindheit ist ein Land, ganz unabhängig von allem. Das einzige Land, in dem es Könige giebt. Warum in die Verbannung gehn? Warum nicht älter und reifer werden in diesem Lande? ... Wozu sich gewöhnen an das, was *andere* glauben? Hat das etwa mehr Wahrheit, als was man glaubt im ersten starken Kindervertrauen? Ich kann mich noch erinnern ... da hatte jedes Ding einen besonderen Sinn, und es gab unzählbar viele Dinge. Und keines war mehr im Werte als ein anderes. Gerechtigkeit war über ihnen. Jedes durfte einmal das Einzige scheinen, durfte Schicksal sein: ein Vogel, der in der Nacht geflogen kam, und nun, schwarz und ernst, auf meinem Lieblingsbaum saß; ein Sommerregen, der den Garten verwandelte, so daß alles Grün Dunkelheit und Glanz bekam; ein Buch, in dessen Blättern eine Blume lag, Gott weiß von wem, – ein Kieselstein von fremder deutsamer Gestalt, – das alles war so, als ob man viel mehr davon wüßte als die Großen. Es schien, als könnte man glücklich werden und groß durch jedes Ding, aber auch, als könnte man an jedem Dinge sterben.

Wie gut ist das Leben. Wie gerecht, wie unbestechlich, wie nicht zu betrügen: auch durch Kraft nicht, auch durch Willen nicht, nicht einmal durch Mut. Wie bleibt alles, was es ist, und hat nur diese Wahl: sich zu erfüllen oder sich zu übertreiben.

Weißt Du aber, was mir die Hauptsache dabei war ...: daß ich wieder mal sah, daß die meisten Menschen die Dinge in der Hand halten, um damit irgendeine Dummheit zu machen (wie zum Beispiel sich zu kitzeln mit Pfauenfedern), statt sich jedes Ding gut anzusehen und statt jedes um die Schönheit zu fragen, die es besitzt. So kommt es, daß die meisten Menschen gar nicht wissen, wie schön die Welt ist und wieviel Pracht in den kleinsten Dingen, in irgendeiner Blume, einem Stein, einer Baumrinde oder einem Birkenblatt sich offenbart. Die erwachsenen Menschen, die Geschäfte und Sorgen haben und sich mit lauter Kleinigkeiten quälen, verlieren allmählich ganz den Blick für diese Reichtümer, welche die Kinder, wenn sie aufmerksam und gut sind, bald bemerken und mit dem ganzen Herzen lieben. Und doch wäre es das Schönste, wenn alle Menschen in dieser Beziehung immer wie aufmerksame und gute Kinder bleiben wollten, einfältig und fromm im Gefühl, und wenn sie die Fähigkeit nicht verlieren würden, sich an einem Birkenblatt oder an der Feder eines Pfauen oder an der Schwinge einer Nebelkrähe so innig zu freuen wie an einem großen Gebirge oder einem prächtigen Palast. Das Kleine ist ebensowenig klein, als das Große – groß ist. Es geht eine große und ewige Schönheit durch die ganze Welt, und diese ist gerecht über den kleinen und großen Dingen verstreut; denn es gibt im Wichtigen und Wesentlichen keine Ungerechtigkeit auf der ganzen Erde.

Und es giebt ja auch Augenblicke, da sich ein Mensch vor dir still und klar abhebt von seiner Herrlichkeit. Das sind seltene Feste, welche du niemals vergißt. Du liebst diesen Menschen fortan. Das heißt, du bist bemüht, die Umrisse seiner Persönlichkeit, wie du sie in jener Stunde erkannt hast, nachzuzeichnen mit deinen zärtlichen Händen.

Die Kunst tut dasselbe. Sie ist ja die weiteste, unbescheidenere Liebe. Sie ist die Liebe Gottes. Sie darf nicht bei dem Einzelnen stehen bleiben, der nur die Pforte des Lebens ist. Sie muß ihn durchwandern. Sie darf nicht müde werden. Um sich zu erfüllen, muß sie dort wirken, wo Alle – *Einer* sind. Wenn sie dann diesen Einen beschenkt, kommt grenzenloser Reichtum über Alle.

Was die Kirschblüten-Blume angeht, so hab ich eine neulich im Bollhägener Bruch (der kleinen Waldung vor Heiligendamm) gepflückt, sie, den ganzen Tag betrachtend, mit mir nehmend: so verwunderte mich ihre Art, weiß zu sein aus lauter Wiesengrün heraus, weiß mit grünem Blut im Herzen –; ich rate auf eine kleine Sumpfanemone, dazu angeleitet durch das anemönige Blatt unten am Stengel, das hier wunderlich tief ansitzt, aber doch da unten schon wußte, daß es oben zu diesem kleinen Geschöpf kommen wird, für das es wahrscheinlich einen Schild bildet, oder auch nur einen verbreiterten Ableiter der zu vielen Feuchtigkeit der Wiesen, die hier eine Weile auf andere Gedanken gebracht wird, damit inzwischen oben die Blume auf ihr Weiß kommen kann, zu dem eine Spur von Trockenheit gehört.

Die Rosen sind schön, schön, reich und rühmen einem, wie sie so dastehen, das eigene Herz, unermeßlich.

Alles Wissen, das die Schule zu vergeben hat, müßte herzlich und groß gegeben sein, ohne Beschränkung und Vorbehalt, absichtslos und von einem ergriffenen Menschen. Da müßten alle Fächer vom Leben handeln, als von dem einen Gegenstand, der mit allen anderen gemeint ist. Dann würden sie auch immer wieder mit ihrem Äußersten an die großen Zusammenhänge reichen, aus denen unerschöpflich Religion entsteht.

Ich möchte glauben, daß ganz kleine Kinder in ungeheueren Intensitäten von Genuß, Schmerz und Schlaf sich durchmachen, später gibt es Zeiten, wo ein körperliches Wehetun gleichsam das einzige Beispiel des Intensiven an uns bleibt, so zerstreuend geht das Leben mit uns um.

Kinder *ruhn* in der Liebe (hab ichs je gedurft?), aber sie sind ja auch rein in dem Zustande der Täuschung, daß es möglich sei, jemandem anzugehören, und wo sie »mein« sagen, da machen sie doch keinen Anspruch, zu besitzen, drücken an sich und lassen los, oder wo sie doch halten, da ist es Gott, mit dem sie noch dumpf zusammenhängen, der die Andern durch diese schuldlos offenen Arme an sich zieht.

Dies ist Jungsein: dieses gründliche Vertrauen zu den schönsten Überraschungen, diese Lust der täglichen Entdeckung.

Ich sehe mit Schrecken, wie man selbst, dem Herrlichsten gegenüber sich abstumpft im stetigen Umgang und Umgebensein.

Freude ist unsäglich mehr als Glück, Glück bricht über die Menschen herein, Glück ist Schicksal, Freude bringen sie in sich zum Blühen, Freude ist einfach eine gute Jahreszeit über dem Herzen; Freude ist das Äußerste, was die Menschen in ihrer Macht haben.

Denn die Realität jeder Freude ist unbeschreiblich in der Welt, nur in der Freude geht noch die Schöpfung vor sich (das Glück dagegen ist nur eine versprechliche und deutsame Constellation schon vorhandener Dinge), die Freude aber ist eine wunderbare Vermehrung des schon Bestehenden, ein purer Zuwachs aus dem Nichts heraus. Wie schwach muß im Grunde doch das Glück uns beschäftigen, da es uns sofort Zeit läßt, an seine Dauer zu denken und darum besorgt zu sein: die Freude ist ein Moment, unverpflichtet, von vornherein zeitlos, nicht zu halten, aber auch nicht eigentlich wieder zu verlieren, indem unter ihrer Erschütterung unser Wesen sich gewissermaßen chemisch verändert, nicht nur, wie es im Glück der Fall sein mag, in einer neuen Mischung sich selber kostet und genießt.

Erfüllt von dieser Erfahrung, hab ich mich ziemlich vor Enttäuschung gesichert, da denn das Größere immer im Recht bleibt, unerwartet zu sein, zu kommen, zu gehen, und ich ihm lange nicht mehr zumute, als Konsequenz aus etwas vorigem Großen hervorzugehen. Es steht für mich nicht in der Reihe, es tritt gleichsam immer gerade aus der unkenntlichen und unabsehbaren Tiefe hervor, und drum höre ich nie auf, es als Möglichkeit zu fühlen, auch da, wo es ausbleibt.

Ich habe mich alle die Jahre nicht gefragt (es wäre unvorsichtig gewesen, es zu tun), wie sehr ich noch bei aller Trübsal, Wirrnis und Entstellung der Welt an die großen, an die vollkommenen, weithin unerschöpflichen Möglichkeiten des Lebens glaube; Ihr Hochzeitstag sei mir ein Anlaß, mich zu prüfen. Und da bekenne ich denn, liebe Gräfin, daß ich das Leben für ein Ding von der unantastbarsten Köstlichkeit halte, und daß die Verknotung so vieler Verhängnisse und Entsetzlichkeiten, die Preisgebungen so zahlloser Schicksale, alles, was uns die letzten Jahre zu einem immer noch zunehmenden Schrecken unüberwindlich angewachsen ist: mich nicht irre machen kann an der Fülle und Güte und Zugeneigtsein des Daseins. Es hätte keinen Sinn, Ihnen mit Wünschen nahe zu kommen, wenn nicht vor allem Wunsch diese Überzeugung stünde, daß die Güter des Lebens rein und unverdorben und im Tiefsten begehrenswert aus Umsturz und Untergang hervorgehen.

Ach, wir rechnen die Jahre und machen Abschnitte da und dort und hören auf und fangen an und zögern zwischen beidem. Aber wie sehr ist, was uns begegnet, aus einem Stück, in welcher Verwandtschaft steht eines zum anderen, hat sich geboren und wächst heran und wird erzogen zu sich selbst, und wir haben im Grunde nur dazusein, aber schlicht, aber inständig, wie die Erde da ist, den Jahreszeiten zustimmend, hell und dunkel und ganz im Raum, nicht verlangend in anderem aufzuruhen als in dem Netz von Einflüssen und Kräften, in dem die Sterne sich sicher fühlen.

Dieses Fragen ist die fragende Natur unseres eigensten Lebens –, wer erwidert ihr? Das Glück, das Unheil, ein unvorhersehlicher Augenblick des Herzens bestürmt uns vielleicht plötzlich mit Erwiderung, oder sie vollzieht sich in uns selbst langsam und unscheinbar, oder ein Mensch schlägt sie vor uns auf, diese Erwiderung, sie überfüllt seinen Blick, sie steht auf der neuen Seite seines Herzens, die er selber nicht kennt, die wir ihm vorlesen.

Das Leben ist schwer

Wir sind ins Leben gesetzt, als in das Element, dem wir am meisten entsprechen, und wir sind überdies durch jahrtausendelange Anpassung diesem Leben so ähnlich geworden, daß wir, wenn wir stille halten, durch ein glückliches Mimikry von allem, was uns umgibt, kaum zu unterscheiden sind. Wir haben keinen Grund, gegen unsere Welt Mißtrauen zu haben, denn sie ist nicht gegen uns. Hat sie Schrecken, so sind es *unsere* Schrekken, hat sie Abgründe, so gehören diese Abgründe uns, sind Gefahren da, so müssen wir versuchen, sie zu lieben. Und wenn wir nur unser Leben nach jenem Grundsatze einrichten, der uns rät, daß wir uns immer an das Schwere halten müssen, so wird das, welches uns jetzt noch als das Fremdeste erscheint, unser Vertrautestes und Treuestes werden. Wie sollten wir jener alten Mythen vergessen können, die am Anfange aller Völker stehen, der Mythen von den Drachen, die sich im äußersten Augenblick in Prinzessinnen verwandeln; vielleicht sind alle Drachen unseres Lebens Prinzessinnen, die nur darauf warten, uns einmal schön und mutig zu sehen. Vielleicht ist alles Schreckliche im tiefsten Grunde das Hilflose, das von uns Hilfe will.

Wir gehen durch Alles das hin, wie der Faden durch ein Gewebe: Bilder bildend und wir wissen nicht welche.

Und die Kunst hat nichts getan, als uns die Verwirrung gezeigt, in welcher wir uns meistens befinden. Sie hat uns beängstigt, statt uns still und ruhig zu machen. Sie hat bewiesen, daß wir jeder auf einer anderen Insel leben; nur sind die Inseln nicht weit genug, um einsam und unbekümmert zu bleiben. Einer kann den Anderen stören oder schrecken oder mit Speeren verfolgen – nur helfen kann keiner keinem.

Von Eiland zu Eiland giebt es nur eine Möglichkeit: gefährliche Sprünge, bei denen man mehr als die Füße gefährdet. Ein ewiges Hin- und Herhüpfen entsteht mit Zufällen und Lächerlichkeiten; denn es kommt vor, daß zwei zueinander springen, gleichzeitig, so daß sie einander nur in der Luft begegnen, und nach diesem mühsamen Wechsel ebenso weit sind – Eines vom Anderen – wie vorher.

Wie ist das Leben gefährlich und unerbittlich bis zum letzten Moment; ein gut gezähmtes Wesen, und doch in ihm: wieviele unersättliche Kräfte, die es bedrohen wie wilde Tiere.

Aber wie entsetzlich sind *die* daran, die das Erlebnis suchen. Denn warum: weil sie schon mit irgendeinem frühsten und mit dem dritten und vierten Erlebnis nicht fertig geworden sind, es sich nicht wahrhaft aufgelöst einpassen konnten, – darum jagen sie immer weiter nach dem, dem sie nicht gewachsen sind, und es ist schon eine Gnade Gottes, wenn sie nur Jagende bleiben und sich ihnen jeder neue Fang entzieht.

Dies wird nur ein kleiner Sonntagsbrief, weil ich eine große Arbeit habe: *die*, zu packen und aus meinem kleinen Hause auszuziehen in das alte Freisein hinaus mit all seinen Sorgen, mit allen seinen Möglichkeiten, mit dem großen Eigentum aller seiner Stunden. Ich bin voll Erwartung und froh.

Oh, diese Sehnsucht, anfangen zu können, und immer alle diese versperrten Wege. Wie wird es mit meiner Arbeit? Jeden Morgen stehe ich auf, zu diesem nutzlosen und bangen Warten und gehe schlafen enttäuscht, verstört und geschlagen von meiner Unfähigkeit. Oh wenn ich ein Handwerk hätte, etwas tägliches, etwas nahes ... All dieses Warten auf die fernen Dinge. Ist es Überhebung? O, wem der Wille wankt, dem wankt die Welt.

Um die Menschen zu erkennen, mußte man sie isolieren. Aber nach einer langen Erfahrung ist es billig, die Einzelbetrachtungen wieder in ein Verhältnis zu setzen, und mit gereiftem Blick ihre breiteren Gebärden zu begleiten.

Jungen Menschen möchte ich immer nur dieses eine sagen (es ist fast das einzige, was ich bis jetzt sicher weiß) – daß wir uns immer an das *Schwere* halten müssen; das ist unser Teil. Wir müssen so tief ins Leben hinein gehen, daß es auf uns liegt und *Last* ist: nicht Lust soll um uns sein, sondern Leben.

Ich will ja nur noch diese Geburt hinter mir haben, von der ich voll bin, und insofern ist es ein Aufschub, den ich erbitte, aber einer, der sich wird rechtfertigen lassen, hoff ich, wenn das Kind erst da ist. Sowenig eine Geburt, mit der Zeit um sie herum, ein Ausweichen vor dem Leben ist, sowenig ist das, was ich meine, ein Ausweichen davor, vielmehr eine besondere Berührung damit, für die man ganz gesammelt sein soll, wo es irgend geht. Ich will nicht ausweichen, aber ich will sehen und sorgen, ob ich dem Gedränge nicht entgehen kann, in einer Zeit, da ein Zusammenstoß mit ihm mir einen Schaden thun könnte, der nicht wieder gut zu machen ist und nicht mich allein betrifft, sondern meine geistige Nachkommenschaft bis ins tausendste Glied. Jeder Künstler in ähnlicher Lage würde ähnliche Sorgfalt anzuwenden suchen. Ich sträube mich, Waffen in die Hand zu nehmen, mit denen ich momentan nicht umgehen kann, ohne Gefahr, mich selbst damit zu verletzen. –

Dann denke an das Leben selbst. Erinnere dich, daß die Menschen viele und bauschige Gebärden und unglaublich große Worte haben. Wenn sie nur eine Weile so ruhig und reich wären, wie die schönen Heiligen des Marco Basaiti, müßtest du auch hinter ihnen die Landschaft finden, die ihnen gemeinsam ist.

Wie viele Kinder, denen das Dasein später reich und heil sich erweisen durfte, haben aus dem oder jenem Grunde nicht *mehr* mitbekommen als das ›pure Leben‹. Es ist nicht das Schlimmste, dieses allein zu bekommen und dann unter die Menschen ausgesetzt zu sein: Starkes, Eifriges, ja Großes ist unter solcher Schutzlosigkeit herangediehen, – die, wenn man sich mit einem trösten will, so viel lebens-unmittelbarer ist, als ein rechthaberisches Geschütztsein, in dem die meisten ›behüteten‹ Kinder, arm schließlich und eingeschränkt, aufwachsen!

Die meisten Menschen, selbst in den Tagen, da das Schicksal ihnen grenzenlos beschenkend sein möchte, haben einen Fehler im Nehmen; sie nehmen schief und verlieren dabei; oder sie nehmen mit einer Nebenabsicht oder so, als ob damit etwas an ihnen gut gemacht würde.

Das Privileg, Freude zu bereiten, wird seltener erteilt, als man denkt, teils infolge unserer oft so starren Unfähigkeit, zu empfangen, teils, weil die Unfähigkeit und das Ungefähr zwischen den Menschen, das schon immer ein Hindernis gewesen sein mag, in verwirrenden Zeiten, noch weiter zugenommen hat. Schließlich erfordert auch die angemessenste Gabe beim Empfangenden noch eine äußerste Anpassung, aber wo das Geben »stimmt«, gehört diese Leistung in die natürliche Bewegung des Beschenkten mit hinein.

Wie ist es möglich zu leben?

Denn im Grunde, und gerade in den tiefsten und wichtigsten Dingen, sind wir namenlos allein, und damit einer dem andern raten oder gar helfen kann, muß viel geschehen, viel muß gelingen, eine ganze Konstellation von Dingen muß eintreffen, damit es einmal glückt.

Ich wollte Ihnen heute nur noch zwei Dinge sagen: Ironie: Lassen Sie sich nicht von ihr beherrschen; besonders nicht in unschöpferischen Momenten. In schöpferischen versuchen Sie es, sich ihrer zu bedienen, als eines Mittels mehr, das Leben zu fassen. Rein gebraucht, ist sie auch rein, und man muß sich ihrer nicht schämen; und fühlen Sie sich ihr zu vertraut, fürchten Sie die wachsende Vertraulichkeit mit ihr, dann wenden Sie sich an große und ernste Gegenstände, vor denen sie klein und hilflos wird. Suchen Sie die Tiefe der Dinge: dort steigt Ironie nie hinab, – und wenn Sie so an den Rand des Großen führen, erproben Sie gleichzeitig, ob diese Auffassungsart einer Notwendigkeit Ihres Wesens entspringt. Denn unter dem Einfluß ernster Dinge wird sie entweder von Ihnen abfallen (wenn sie etwas Zufälliges ist), oder aber sie wird (so sie wirklich eingeboren Ihnen zugehört) erstarken zu einem ernsten Werkzeug und sich einordnen in die Reihe der Mittel, mit denen Sie Ihre Kunst werden bilden müssen.

Aber doch, doch: wie hoffnungsvoll ist der Einzelne doch immer wieder, wie wirklich, wie gutgewillt, wie reich, – wenn man dann die wirre trübe Menge sieht, begreift mans nicht, daß er sich in ihr so, gleichsam spurlos, verliert –.

Wie die Verhältnisse heute liegen, kann man ruhig sagen, daß sowohl die guten wie die schlechten Eltern, sowohl die guten wie die schlechten Schulen, Unrecht haben dem Kinde gegenüber. Sie verkennen das Kind überhaupt, sie gehen von einer falschen Voraussetzung aus, von der Voraussetzung des Erwachsenen, der sich dem Kinde überlegen fühlt, statt zu erkennen, daß es das Streben der größten Menschen war, dem Kinde in gewissen Augenblicken gleich und ebenbürtig zu sein.

Das ist ja eine der vollkommensten Aufgaben der Freundschaft, daß man rein sei im Nein, wo einen nicht das unendlichste Ja überfluthet.

Ein Mensch, bevor er an die anderen denkt, muß uneingeschränkt er selbst gewesen sein; er muß seine Natur durchmessen haben, um sie zu beherrschen und sie zum Wohle von seinesgleichen zu gebrauchen.

Nein, es sind nicht ›technische‹ Absichten, um deretwillen ich nach Paris zurückzukehren mich sehne. Keineswegs. Ich gehe nicht aus ›großen Dingen und Gedanken‹ fort, sondern ebendorthin, wo alles, auch das Unscheinbare, auch das Häßliche, auch das, wovon man sich anderswo abwendet, mich wie Großes, wie Ewiges mit unbeschreiblichen Anforderungen anspricht; dorthin, wo der Künstler, der seiner Natur nach in vielen Dingen des Lebens immer Zuschauer sein wird, auch in dieser Eigenschaft, das *ganze* Leben, d.h. die ganze Welt an sich erfährt, als ob es mit allen seinen Möglichkeiten mitten durch ihn durchginge. Paris ist für mich – ich sagte es schon – eine unermeßliche Erziehung, dadurch, daß es meinem Blick und meinem Gefühl die entlegensten, äußersten, die schon nicht mehr nachweisbaren Tatsachen seelischen Erlebens bis zu beispielloser Sichtbarkeit (ja, Weithinsichtbarkeit) verdichtet, hinhält. Ich lerne in Paris an allem und alles, und es ist ein Unterricht ohne Unterbrechung, ohne Lücke, ohne Halbheit oder Wiederholung, den ich ja kaum beginnen durfte. Denn Anfang Mai vorigen Jahres kam ich aus Meudon hin (Meudon und was damit zusammenhängt war ja etwas anderes, war ganz Rodin) und in den letzten Juli-Tagen schon brach ich meine schönen Arbeitstage ab. Die Früchte jener Tage, die Sie teilweise kennen, machten Ihnen, soweit es die Gedichte des kleinen Breviers betrifft, den Eindruck rein technischer Absichten; aber ich bin überzeugt, daß das nicht Ihre endgültige Stellung zu diesen Erzeugnissen sein wird, mit denen ich mir Ausdrucksmöglichkeiten erwerbe, die, wenn ich sie eines Tages ganz sicher werde anwenden können, jenen zweiten Teil des Stunden-Buches tragen werden, weit über den ersten hinaus tragen, den ich von fernher in meinem Herzen vorbereite. Denn wenn die Ergebnisse jener drei Monate in Paris Sie mißtrauisch machen gegen mein Bedürfnis, dorthin zurückzukehren, so bitte ich Sie, lieber Freund, doch auch nicht zu vergessen, daß jener frühere Aufenthalt in Paris (der von 1902/03) mir den schönsten Teil des Stunden-Buches (Das Buch von der Armut und vom Tode) gegeben hat und daß ich, 1904/05, aus Pariser Erfahrungen heraus Malte Laurids Brigge's Aufzeichnungen begann (die ich nirgends als wieder in Paris werde so abschließen können, wie ich es meine und möchte).

Sollte ich wirklich hinkommen für ein Jahr, so werde ich (und das war schon *vor* Ihrem letzten Brief meine Absicht) es an Versuchen nicht fehlen lassen, Verbindungen anzuknüpfen und auszuspüren, welche Art von Beschäftigung oder Anstellung ich übernehmen könnte, schon um mich möglichst lange dort zu halten. Aber es hieße die Erfüllung meines Wunsches und meiner ehrlichen Sehnsucht in das Gegenteil verkehren, wollten Sie mich nach Paris gehen heißen mit der Bedingung, dort sofort ein Kunst-und Theaterreferat und andere Korrespondenzen auf mich zu nehmen. Ich kenne den Kunst- und Theater-Berichterstatter des Berliner Börsen-Courier's dort, und ich weiß, daß er längst, unter dem Ansturm seiner Geschäfte, auf alle eigene Arbeit verzichtet hat. Und ich weiß auch, daß es anderen ähnlich geht, obwohl es recht gewandte Leute sind, die viel von sich abschütteln und denen es gegeben ist, eine ganze Menge Leistungen verschiedener Wertigkeit in ihren Tagen und Nächten unterzubringen, ohne das Gleichgewicht zu verlieren. Was ich in Paris vorläufig zu lernen habe, wird sich nicht im Handumdrehen zu kleiner Münze machen lassen; Theater kommen nicht in Betracht, weil mich ein einziger dort verbrachter Abend unverhältnismäßig viel Nervenkraft kostet und ich schon gesundheitlich nicht fähig bin, diese Nachtarbeit zu leisten, für die ich auch sonst wenig geeignet bin. Aber gewiß ließe sich dann und wann etwas berichten von Eindrücken aus alter und neuer Kunst, es ließen sich Bilder jener bewegten wunderbaren Stadt heraufrufen, und ich werde solche Gelegenheiten nicht vorübergehen lassen. (Ich dachte schon an die Herstellung einer näheren Beziehung mit der oesterreichischen Rundschau – Herausgeber Baron Berger –, die mich wiederholt eingeladen hat und bei der ich auch schon ein Gedicht hatte vor einiger Zeit.) Aber sehen Sie, lieber Freund, meiner besten Überzeugung nach werde ich *innerhalb* der eigenen Arbeit und wenn ich Zeit und Möglichkeit habe, Ihre internen Fragen (die des Immer-Arbeitenkönnens vor allem) praktisch zu bewältigen, auch zu solcher Verwendung derselben immer geeigneter werden und eines Tages von selbst in einen vielseitigen Gebrauch des Erworbenen hineingleiten, der dann wirklich ergiebig und nützlich sein wird und ohne Gefahr für mein Eigenstes, das – nur eine kleine Weile noch – beschützt sein will. Es ist die eine, immer wieder bestätigte Erfahrung, zu der ich langsam vorgeschritten bin nach einer bangen, vielverzagenden Kindheit, daß die wirklichen Fortschritte meines Lebens gewaltsam nicht heraufbewegt werden können, daß sie lautlos eintreten und daß ich an ihnen beschäftigt bin, wenn ich still und inständig an den Dingen arbeite, die ich im tiefsten Sinne als meine Aufgaben erkannt habe. Und diese Zeit hier in Capri hat mir sehr viel mehr Klarheit gebracht über das, was ich jetzt von mir verlangen darf. Es ist, wie ich schon damals, als ich Rodin verließ, zu ahnen begann, so vieles, was früher durch die inneren Hemmungen des Nochnicht-Fertigseins gebunden war, jetzt aber nur guter äußerer Umstände bedarf, um fällig zu werden. Begreifen Sie, wie sehr ich diese Umstände herbeiwünsche, wenn ich Ihnen sage, daß ich erfüllt bin von einem Gedränge langsam angewachsener Gesichte, die ich, wenn ich ihnen nur zugewendet bleiben darf, jetzt wirklich zu erfassen und zu formen fähig bin. Kann ich dabei aushalten, so bin ich im nächsten Augenblick auf der noch nie erlangten Höhe ruhiger Arbeit mit meiner ganzen Last angekommen; muß ich mich jetzt um anderes kümmern, so rollt sie mir den Berg hinunter und mir geht es ärger als dem Mann in der Sage: denn ich darf nicht einmal anfangen, sie wieder heraufzuholen –. Sie dürfen, lieber Freund, nicht übersehen, daß ich mit dem, wonach ich jetzt strebe, keine endgültige Einrichtung meine; daß ich damit nicht sagen will: nur *so* kann ich arbeiten, nur so kann ich mir mein Leben denken. Vielmehr halte ich die Hülfe, die ich glaube nötig zu haben, für gerade nur diesmal angebracht, für geeignet, in diesem einen Punkte meiner Entwickelung, an dem so viel inneres Aufarbeiten zusammenkommt, einzugreifen. [...]

Ist es wirklich unverantwortlich, wenn ich mich sehne, mit alledem, das ich nahe und greifbar fühle wie nie vorher, in ein ununterbrochenes Jahr mich zurückzuziehen, an den Ort, von dem ich weiß, daß er mir sowohl die tiefste Einsamkeit, wie auch, wo es nötig wird, die entsprechende Ergänzung meines Materials zu bieten hat? Glauben Sie wirklich nicht, daß *auch* für den äußeren Fortschritt, für meine Lebens-Sicherheit etwas geschehen ist, wenn am Ende dieses Arbeits-Jahres drei oder vier von diesen Büchern abgeschlossen vorliegen und wenn ich, erleichtert von der Schwere des Ungetanen, warm von der Arbeit, über alledem stehe, was mich jetzt durch seinen Aufstieg und Andrang verwirrt? Wenn ich selbst, schlimmstenfalls, am Ende jenes Jahres, tout crûment, mich nach Erwerb umsehen muß, wie anders würde diese Notwendigkeit wirken, wenn sie an *den* herantritt, der im Vollbringen sich selbst hat fühlen und festigen dürfen, – während sie jetzt einen überfiele, der beide Hände voll des Begonnenen hat und alle Adern voll Stimmen, die nie wiederkommen, wenn er gezwungen ist, sie diesmal mit Lärm und Ablenkung zu übertönen. Man versteht es doch bei der ärmsten Frau, wenn sie sich sorgt um eine Stelle für ihre Niederkunft und erwartet von ihr nicht, daß sie neben einer gut gearbeiteten Geburt noch viel anderes leisten soll in ihrer Zeit.

Aber es wird mir, um es offen zu sagen, je weiter das Leben fortschreitet, immer schwerer, auf Worte, wie die Ihren, eine unmittelbare, gültige Erwiderung zu finden. Und nicht nur, daß es mir schwer wird, ich *mache* es mir auch schwerer, mich fragend, wo am Ende meine Berechtigung läge, solche Antwort überhaupt zu versuchen. Das, was in einem Gedicht oder sonst einem Kunstwerk an Gelingen und Einsicht glücklich zusammenkommt, ist ja nicht zugleich Bewältigung und Können des täglichen Lebens –, und wenn es sich darum handelte, zu entscheiden, wer von uns beiden ratloser ist, es würde vielleicht das Übergewicht herüber auf meine Seite fallen.

Freilich hat, bei aller Not, der künstlerisch Schaffende

seine Bestätigung in jener großen Kraft, die sich zuweilen seiner bedient und die dann so viel mit ihm ausrichtet, daß er, wie bedrängt er sonst auch sei, die Geduld aufbringt, sich für sie zu erhalten.

Wo für andere, über denen das Leiden zusammenschlägt, der tiefe fruchtbare Grund zur Langmut sei –: ich hab es mich oft gefragt, ohne daß ich es zu einer Erklärung gebracht hätte. Indessen müssen wir zugeben, daß kaum etwas in so vielfältiger Erscheinung, vom banalen Beispiel bis zur unvergeßlichsten Gestalt, unserem Blick sich bietet wie die Tatsache, daß das Leben in den kränkendsten, quälendsten, ja tödlichsten Umständen ist geleistet worden; daß man imstande war, es zu lieben, dort, wo es an jeder Stelle schrecklich war. Ja, daß Menschen, die ein glänzendes Schicksal gleichgültig, ohne viel Lust und Teilnehmung hintrugen, nach einem plötzlichen Umsturz ihrer Lage ins Verzweifelte, krank, mißhandelt, auf dem Grunde unabsehbarer Gefängnisse, die Freudigkeit und Sicherheit ihres Herzens entfalten, ja recht eigentlich erst kennen lernen und genießen durften.

Ich bin solchen Lebensläufen, wo ich konnte, mit Eifer nachgegangen, und wenn ich gleich in keinem das Geheimnis selbst habe aufleuchten sehen, das so ungeheuere Überstehungen möglich macht, so leb ich doch in der dauernden Überzeugung, daß sie immerfort vorkommen.

Kindheit haben heißt tausend Leben leben vor dem Einen.

Wir wollen wie ein Strom sein und nicht in Kanäle treten und Wasser zu den Weiden führen? Nicht wahr, wir sollen uns zusammenhalten und rauschen? Vielleicht dürfen wir, wenn wir sehr alt werden, einmal, ganz zum Schluß, nachgeben, uns ausbreiten und in einem Delta münden.

»Du mußt dein Leben ändern«

»Wie ist es möglich zu leben, wenn doch die Elemente dieses Lebens uns völlig unfaßlich sind? Wenn wir immerfort im Lieben unzulänglich, im Entschließen unsicher und dem Tode gegenüber unfähig sind, wie ist es möglich, da zu sein?«

Rilkes Gesamtwerk ist der Versuch, diese Frage zu beantworten. Dabei ist die Antwort immer schon klar. Leben wird nicht durchdacht, nicht reflektiert, nicht verstanden oder ergründet, sondern (wie Rilke in einem frühen Gedicht sagt): »alles Leben wird gelebt«. Dies ist Rilkes einfache Antwort auf diese Frage, die die Menschen seit Jahrtausenden beschäftigt hat, und die er so konkret und völlig ernsthaft in einem Brief an Lotte Hepner am 8. November 1915 stellt. Rilke ist sich der Schwierigkeiten bewußt, mit denen wir uns selbst diese einfache Einsicht verstellen. Wir sind denkende Wesen und leben nicht ohne Reflexion oder Bewußtsein. Wir lassen uns ablenken, unterwerfen uns der jeweiligen Situation oder unseren Gefühlen, reagieren auf unsere Begegnungen mit Dingen und Personen, statt etwas mit uns geschehen zu lassen. Wir verstehen uns entweder als Veranlasser einer Begebenheit oder denken unsere Rolle in den meisten Situationen so, als wären wir uns selber transparent. Da wir aber in allen diesen Haltungen das Leben als etwas auffassen, was entweder für oder gegen uns ist, übersehen wir seine tatsächliche Weite und erstaunlichen Möglichkeiten. Diese erstaunliche Weite zu ermessen betrachtet Rilke als seine Aufgabe.

Rilke selbst wußte oft nicht weiter. Sein Dasein erlebte er mitunter als eine Folge von Fehlschlägen und Mißerfolgen, und sich selbst verstand er als nicht besonders lebensbegabten Menschen, der die »Schmerzklassen des Lebens« oft wiederholen mußte. Deshalb schränkt Rilke seinen Rat zum Leben von vornherein ein:

»Glauben Sie nicht, daß er, welcher Sie zu trösten versucht, mühelos unter den einfachen und stillen Worten lebt, die Ihnen manchmal wohltun. Sein Leben hat viel Mühsal und Traurigkeit und bleibt weit hinter ihnen zurück. Wäre es aber anders, so hätte er jene Worte nie finden können.«

Schon in diesen wenigen Sätzen aus einem Brief vom 12. August 1904 an Fanz Xaver Kappus wird zweierlei deutlich. Rilke zieht aus der Schwierigkeit des Lebens nicht den Schluß, aufzugeben, sondern nimmt diese Schwierigkeit als Gelegenheit wahr, das Leben genauer zu ergründen. Ohne die Mühsal hätte Rilke das Leben nicht mit derselben Geduld und Genauigkeit beschrieben. Überdies ist Rilkes Haltung keinesfalls eine Entschuldigung. Vielmehr soll diese Erklärung Rilkes Briefpartner vor der Illusion bewahren, Rilke könne ihm den Weg weisen. Man mißversteht Rilke gründlich, wenn man sich an seine Worte hält.

Niemand nimmt uns etwas ab im Leben, denn niemand kann unser Leben für uns leben. Rilke entschuldigt sich nicht, sondern erinnert uns daran, daß die Illusion, das Leben verstanden zu haben, ihn zum Schweigen gebracht hätte. Und für einen Dichter wie Rilke, der in und durch die Sprache lebte, bedeutete das so viel, wie tot zu sein. Das Leben verstehen ist für Rilke eine immerwährende Aufgabe, Herausforderung und Gelegenheit, sich selbst neu zu begreifen und zu entwerfen. Das Leben verstanden zu haben und sich dazu nicht mehr äußern zu müssen, wäre in seinen Augen das Ende. Deshalb sind Rilkes Ausführungen zum Leben immer neue Variationen einer möglichen Antwort auf die gleiche Frage: »Wie ist es möglich zu leben, wenn doch die Elemente dieses Lebens uns völlig unfaßlich sind?« Uns ist es eben darum möglich zu leben, weil die Elemente dieses *unseren* Lebens uns völlig unfaßlich *bleiben*, selbst und gerade wenn wir wirklich leben. Denn Leben ist für Rilke keine abstrakte Angelegenheit, die sich philosophisch fassen läßt. Es ist das nicht-religiöse Wunder, dem wir uns immer wieder stellen müssen, und das uns – jenseits aller Theorien von Vitalismus bis zur Biopolitik – immer wieder übersteigt.

»Und doch, ist nicht dies das Leben –? ich glaube: daß aus so viel dürftigen, bangen, kleinlichen und schmählichen Einzelheiten sich am Ende doch ein großartiges Ganzes zusammensetzt, das ja nicht wäre, wenn wirs verstünden und leisteten, sondern an dem wir mit unserem Können und unserem Mißlingen gleich weit beteiligt sind.«

Rilke will diese Unfaßlichkeit, die er in einem Brief am 9. Dezember 1913 an Sidonie Nádherný von Borutin so beschreibt, in all ihrer Tragweite begreifen. Das Leben entzieht sich uns immer wieder und oft besonders in den Momenten, in denen wir uns der Illusion hingeben, es verstanden zu haben. Etwas anderes passiert, etwas tritt ein, wir wissen plötzlich, gerade als alles einigermaßen nach Plan lief, nicht weiter. Rilke versucht, diesen doppelten Charakter des Lebens zu erfassen. Das Leben liegt vollkommen offen vor uns, und wir brauchen gar nicht mehr zu tun, als zu leben. Doch in dieser absoluten Zugänglichkeit entzieht sich uns das Leben in jedem Moment. Das Leben verstehen bedeutet also, unser vermeintliches Verständnis in jedem Moment zugunsten der Erfahrung des gänzlich Neuen und Unerwarteten, das das Leben mit sich bringen kann, gegebenenfalls zu verwerfen.

Rilkes Überlegungen zum Leben haben ihren Ursprung in der Einsicht, daß das Leben schwer ist. Rilke nimmt diese Schwere jedoch nicht zum Anlaß, schwermütig zu werden oder zu resignieren. Das, was wir als Schwierigkeiten des Lebens empfinden, liegt auf uns wie Erde auf einem Keimling: wir wollen durch die Schwere durch, denn sich vor ihr zu verbergen bedeutet, nicht zu leben. Die Schwere ist Anlaß, das Leben ernst zu nehmen: ernst in allen seinen Facetten und Dimensionen, im Guten wie im Schlechten. Rilke ist davon überzeugt, daß unser Leben absolut offen vor uns liegt, und daß wir nur den Mut fassen müssen, es wirklich wahrzunehmen.

»Steh froh auf zu deinem Werktage, wenn du es kannst. Und kannst du es nicht, was hindert dich daran? Ist da etwas Schweres im Wege? Was hast du gegen das Schwere? Daß es dich töten kann. Es ist also mächtig und stark. Das weißt du von ihm. Und was weißt du vom Leichten? Nichts. An das Leichte haben wir gar keine Erinnerung. Selbst wenn du also wählen dürftest, müßtest du nicht eigentlich das Schwere wählen? Fühlst du nicht, wie verwandt es mit dir ist? [...] Meinst du, dem Keim wäre es nicht leichter, in der Erde zu bleiben? – Es gibt gar nicht ein Leichtes und ein Schweres. Das Leben selbst ist das Schwere. Und leben willst du doch?«

»Schwer« bedeutet also in Rilkes Sprachgebrauch soviel wie schwerwiegend, bedeutsam, wichtig. Rilke ist ein unerbittlicher Life-coach: er besteht darauf, daß man sich selbst absolut ernst nimmt. Dies bedeutet jedoch, daß man die eigenen Angelegenheiten, Erlebnisse und Emotionen nicht über das Leben als Ganzes stellt. Für Rilke führt der Weg zum Leben *durch* solch eine rigorose Selbstprüfung und -reflexion zu der Einsicht, daß uns das Leben selbst in den schwersten Stunden um ein Winziges übersteigt, daß wir selbst in den klarsten Momenten nie unser ganzes Leben sehen, sondern immer nur Teile und Ausschnitte. Wenn wir nun durch solch eine strenge Prüfung unserer selbst hindurch gegangen sind, erkennen wir die unglaubliche Weite des Lebens. In dieser Einsicht werden die persönlichen Erlebnisse und Erfahrungen, seien sie noch so ernst oder beglückend, relativiert: sie vertiefen uns in unser Leben, welches selbst jedoch immer über und jenseits dieser Elemente bleibt. Sobald wir die Weite des Lebens verstehen, nehmen wir uns gleichzeitig mit unseren alltäglichen Problemen nicht mehr so ernst. Wir lassen uns nicht mehr von einzelnen Begebenheiten ablenken, sondern sehen sie als Linsen, durch die wir die erstaunliche Größe und Weite des Lebens schärfer erkennen.

Die Probleme, die das Leben mit sich bringt, sind für Rilke also keinesfalls nebensächlich. Tatsächlich sind sie unser Tor in ein Bewußtsein des Lebens selbst, denn Rilke traut sich selbst – und uns, wie er in einem Brief an seine Frau Clara am 26. Juni 1907 schreibt – nicht zu, schwierige Dinge im Leben freiwillig anzufangen:

»Das Leben setzt einen Stolz hinein, nicht unkompliziert auszusehen. Wahrscheinlich brächte es uns mit Einfachheit nicht zu alledem, wozu wir nicht leicht zu bringen sind.«

Die Ablenkungen, zu denen uns unser Leben oft zwingt, verankern uns also tiefer im Leben. Andererseits retten sie uns mitunter vor uns selbst. Denn manchmal können wir eine größere Perspektive auf unser Leben nicht ertragen: so schwer ist alles, daß wir uns für kurze

Zeiten nur auf das direkt vor uns Liegende konzentrieren können. Doch müssen solche Phasen begrenzt sein, denn das Leben nimmt in ihnen ab. Dies erklärt Rilke seiner engen Freundin, der Fürstin Marie von Thurn und Taxis, in einem Brief vom 16. Januar 1912:

»Sie irren, [...], wenn Sie sich für schwach halten, wie Sie schreiben. Was Ihnen selbst diesen Eindruck macht, ist das fortwährende Ausgebreitetsein über vieles und das tägliche Ausgegebensein an die hundert Dinge, die Ihr Leben mit sich bringt und wieder mit sich fortnimmt, ohne daß eigentlich etwas bleibt. Das ist wohl nicht zu ändern. Zu ändern ist vielleicht die Verfassung, in der Sie diese Dinge leisten, [...] nämlich, es hat mich oft erschreckt, wie sehr selbst das, was Ihnen ernstestes Bedürfnis ist, die Gestalt einer Zerstreuung annehmen konnte – wie soll ich es sagen: sich, aus Furcht, sonst überhaupt nicht dranzukommen, unter die Zerstreuungen einreiht, sich ein bißchen verstellt als eine der Ihren. Sie durchschauen dann sofort dieses *déguisement*, es beirrt Sie keinen Moment in der Größe der Aufnehmung und doch: ein wenig verlieren Sie dabei, weil Sie in einem falschen Tempo vor die Dinge treten, zu deren Wesen es gehört, uns das ihre, ihr Tempo, aufzuerlegen. Schließlich summieren sich diese Verluste, und das Leben nimmt ab. Es giebt Zeiten, ich weiß, wo es geradezu eine Rettung bedeutet, alles als Zerstreuung aufzufassen, aber das sind Ausnahmen, Kurzzeiten, Rekonvaleszenzen.«

Die Herausforderung des Lebens besteht für Rilke darin, sich allen Dingen, die das Leben mit sich bringt, zuerst einmal in dem ihnen *angemessenen* Tempo zu verhalten. Dazu müssen wir allen Dingen aufgeschlossen gegenüber sein, um dann entscheiden zu können, was für uns von Wichtigkeit ist. Rilkes Haltung – oder vielmehr sein Versuch, da er sich selbst als jemanden bezeichnet, »der doch selber gerade nicht einen halben Schritt aus oder ein weiß« – besteht also darin, nicht zu schnell Dinge abzuurteilen, sondern ihre Wirkung auf uns erst einmal zur Geltung kommen zu lassen. Man sollte die Dinge *zulassen*, und dann, aus dieser Offenheit, wird sich das Leben offenbaren. Die Schwierigkeit besteht also darin, daß Rilke sich auf alles einlassen möchte, um dann die tatsächliche Bedeutung der Dinge und Ereignisse jenseits ihrer Fähigkeit, uns abzulenken, zu faszinieren oder zu fesseln, zu erkennen. Das Ziel dieser erhöhten Aufmerksamkeit auf *alles* besteht jedoch darin, nichts zu groß werden zu lassen, sondern alle Dinge in ihrer wahren Stellung in einem größeren Zusammenhang zu sehen. Je wachsamer wir im Leben mit allem umgehen, desto weniger wird uns letztlich ablenken und unnötig beschäftigen. Die Ernsthaftigkeit, mit der Rilke leben möchte, führt dann zu einer Ruhe und Gelassenheit, die sich nicht in ein ständiges Hin- und Hergeworfensein von Zerstreuung und Aufregung auflöst.

Schließlich eröffnet uns diese Ernsthaftigkeit, mit der

Rilke alles im Leben angehen möchte, auch die schönsten Seiten des Daseins. Denn wenn wir das Leben in *allen* seinen Möglichkeiten wirklich zulassen, wird uns die Welt geschenkt. So befaßt sich Rilke einerseits ausgiebig damit, sich selbst zu verstehen, doch ist das Ziel dieser Betrachtungen ein Verständnis der größeren Zusammenhänge, die sein Leben leiten, die ihm aber verschlossen bleiben. Eine Periode des Alleinseins, in der Rilke sich selbst zu verstehen versucht, beschreibt er im gleichen Brief an Marie von Thurn und Taxis sehr eindrücklich:

»Ich krieche den ganzen Tag in den Dickichten meines Lebens herum und schreie wie ein Wilder und klatsche in die Hände –: Sie glauben nicht, was für haarsträubendes Getier da auffliegt.«

Sind die unklaren und unverarbeiteten Erfahrungen einmal so aufgescheucht, öffnet sich der Blick auf größere Zusammenhänge. Rilkes Betrachtungen zum Leben raten uns nicht, tägliche Begebenheiten und Vorfälle – die hier selbstironisch so genannten »Dickichte des Lebens« – zu übersehen. Er ermutigt uns, dort, wo wir uns ohnehin befinden, auch wirklich anwesend zu sein. Deshalb hält Rilke so wenig von Versuchen, das Leben zu verstehen oder zu durchleuchten. Selbst die Psychoanalyse blieb ihm, trotz seiner Bewunderung für deren Begründer Sigmund Freud, den er persönlich einige Male traf, als Erklärung unserer selbst fremd. Wir sollen beherzt durch die »Dickichte« in uns hindurchkriechen, um einen weiteren Ausblick auf deren Substrat zu gewinnen.

Eine Haltung, bei der wir schon im voraus wissen, was uns Freude und was uns Leid bereiten wird, verschließt sich vor dem Leben selbst. Denn das Leben bleibt für Rilke, selbst und gerade wenn er die eindrücklichsten Formulierungen findet, immer das Unverstandene. Alles, was im Leben schwer ist, »hat [...] mit seinem ungeheuren Druck irgendwie die Aufgabe, uns einer tieferen innigeren Schicht des Lebens einzudrängen, damit wir dann aus ihr umso fruchtbarer emporwachsen.« Das ist das Seltsame am Leben: daß, wie Rilke in diesem Brief an Adelheid von der Marwitz am 11. September 1919 schreibt, das Leben immer noch tiefere Schichten in sich birgt, die uns nur durch das Leben zugänglich werden. Denn wohin sonst sollen wir uns denn drehen, wenn wir uns vom Leben abwenden? Wir kehren uns ab vom Leben und stehen wieder im Leben selbst.

Rilke ermahnt uns, daß wir uns nicht von dem, was im Leben klein, unbedeutend oder nebensächlich erscheint, oder durch bestimmte Vorfälle, starke Emotionen oder Ereignisse ablenken lassen. Denn so lassen wir uns vom Leben selbst ablenken, statt in ihm zu sein. Das Leben fordert unsere ganze Aufmerksamkeit, obwohl wir doch auch ohne diese Aufmerksamkeit leben. So zu leben, ohne auf den Reichtum der Welt achtzugeben, heißt ergebnislos nach einer Antwort oder einem Leitfaden zu suchen, den wir schon in der Welt finden.

»Sondern es müßte nur unser Auge eine Spur schauender, unser Ohr empfangender sein, der Geschmack einer Frucht müßte uns vollständiger eingehen, wir müßten mehr Geruch aushalten, und im Berühren und Angerührtsein geistesgegenwärtiger und weniger vergeßlich sein –: um sofort aus unseren nächsten Erfahrungen Tröstungen aufzunehmen, die überzeugender, überwiegender, wahrer wären als alles Leid, das uns je erschüttern kann.«

Rilkes Anliegen ist es, wie es in diesem Brief vom 6. September 1915 an Marie von Thurn und Taxis heißt, unsere Aufmerksamkeit nicht *auf*, sondern zurück *in* das Leben zu richten. Sobald wir etwas *über* oder *vom* Leben verstehen wollen, nimmt uns diese Anstrengung aus dem Leben heraus. Und Rilke will nicht mehr, als mit seiner Sprache etwas tiefer ins Leben einzudringen.

Da uns das Leben immer wieder übersteigt, versucht Rilke, sich selbst in Worten zu finden. In seiner Korrespondenz erklärt er das Leben nicht, sondern ermißt seine Weite und Möglichkeiten.

Rilke betrachtet diese ungeheure Weite der Welt als die Möglichkeit, uns selbst als schier grenzenlos zu verstehen. Da das Leben uns immer wieder überraschen und überwältigen wird, können wir uns auch im Leben selbst radikal verändern, ohne aus dem Leben zu treten.

In einem seiner bekanntesten Gedichte, »Archäischer Torso Apollos«, beschreibt Rilke eine antike, kopflose

Marmorstatue, unter deren glatter Oberfläche sich eine ungeheure Kraft verbirgt, die der ungemeinen Kunstfertigkeit des Bildhauers entspricht. Auf die Beschreibung dieser Statue, deren Anblick trotz des fehlenden Kopfes in ihrer bestürzenden Schönheit den Betrachter noch heute in Bann schlägt, folgt in der letzten Zeile des Gedichts unvermutet die Zeile: »Du mußt dein Leben ändern.« Die Aufforderung erfolgt scheinbar ohne weiteren Zusammenhang. Mit diesem plötzlichen Einbruch des Schwersten, dessen Menschen fähig sind – sich selbst zu verändern – *belebt* Rilke seine Beschreibung des kalten Marmors. Dies ist für Rilke Leben: sich verändern können – wie in einem Gedicht ganz unvermutet ein völlig unerwartetes Fazit aus einer Kunstbeschreibung folgt. Rilkes Dichterkollege Hugo von Hofmannsthal hielt diese Stelle in Rilkes Gedicht nicht für gut gearbeitet. Für Hofmannsthal kam der Einbruch zu plötzlich und folgte nicht schlüssig aus den vorangehenden Zeilen. Doch eben darum geht es Rilke: durch den plötzlichen Wechsel von der beschreibenden Sprache zum Imperativ zu betonen, daß das Leben Veränderung ist, und daß wir mitunter uns am Lebendigsten fühlen, wenn wir in den größten Umbrüchen unseres Lebens stehen. So schreibt Rilke an Sidonie Nádherný von Borutin am 8. Dezember 1911:

»Aber das Leben *ist* Veränderung, das Gute ist eine und das Schlechte auch, und darum hat *der* Recht, der alles als etwas nimmt, was nicht wiederkommt.«

In den großen Veränderungen im Leben fühlen wir uns mitunter am lebendigsten, denn dann sind wir für einen kurzen Moment eins mit der Zeit.

So wie wir uns oft von allem Möglichen und Unmöglichen ablenken lassen, so verkennen wir oft die ungeheure Weite des Lebens. Diese Weite sollte uns den Mut geben, uns zu verändern: denn alle Abschiede und Trennungen, die eine Veränderung mit sich bringt, mögen woanders aufgehoben werden.

»Man kann sich die Weiten und Möglichkeiten des Lebens gar nicht unerschöpflich genug denken. Kein Schicksal, keine Absage, keine Not ist einfach aussichtslos; irgendwo kann das härteste Gestrüpp es zu Blättern bringen, zu einer Blüte, zu einer Frucht. Und irgendwo in Gottes äußerster Vorsehung wird auch schon ein Insekt sein, das aus dieser Blüte Reichtum trägt, oder ein Hunger, dem diese Frucht willkommen ist. Und sollte sie bitter sein, so wird sie doch mindestens einem Auge erstaunlich gewesen sein und wird ihm Lust gemacht haben und Neugier nach Formen und Farben und Hervorbringungen des Dickichts; und sollte sie abfallen, so fällt sie in die Fülle des Künftigen und trägt noch in ihrem letzten Zerfall dazu bei, es reicher, bunter, drängender und wachsender zu machen.«

Entscheidend ist an Rilkes Überlegungen zum Leben, wie in diesem Zitat aus einem Brief an Annette de Vries vom 25. August 1915 deutlich wird, daß er sich dem Leben im Ganzen aussetzt. Wir haben ohnehin keine Wahl:

uns werden immer Dinge widerfahren, die wir nicht kontrollieren können. Wenn wir diesen Umstand akzeptieren, können wir daraus jedoch die Hoffnung schöpfen, daß wir auch etwas verändern können. Unser eigener Wunsch nach Kontrolle – nach einer übergreifenden Lebensphilosophie; nach einem Guru – blockiert unser Wissen, daß das Leben in der Tat neugestaltet werden kann. Lassen wir diese Illusion einmal los, so fallen wir zurück ins – Leben. Und dort können wir dann, wie zum ersten Mal, wirklich lebendig sein.

»Und doch, obwohl ein jeder von sich strebt
wie aus dem Kerker, der ihn haßt und hält, –
es ist ein großes Wunder in der Welt:
ich fühle: *alles Leben wird gelebt.*«

Ulrich Baer

Inhalt

Mit Rilke durch alle Jahreszeiten

Rainer Maria Rilke war ein genauer Beobachter der ihn umgebenden Natur, und so entstand eine Fülle von Gedichten vom Werden des Frühlings und dem Reichtum des Sommers, vom Vollenden des Herbstes und der Stille des Winters. Auch in vielen Prosatexten geht er dem Gleichnishaften von Jahres- und Lebenszeit nach, jahreszeitliche Stimmungen finden Eingang in seine Briefe. Thilo von Pape hat sich in Rilkes Werk umgesehen und reiche Ernte eingefahren, die, nach Jahreszeiten geordnet, nun in vier Büchern präsentiert wird.

Rainer Maria Rilke, Frühling. Ausgewählt von Thilo von Pape. insel taschenbuch 4118. 118 Seiten
Rainer Maria Rilke, Sommer. Ausgewählt von Thilo von Pape. insel taschenbuch 4139. 114 Seiten
Rainer Maria Rilke, Herbst. Ausgewählt von Thilo von Pape. insel taschenbuch 4173. 128 Seiten
Rainer Maria Rilke, Winter. Ausgewählt von Thilo von Pape. insel taschenbuch 4192. 123 Seiten

NF 147/1/8.12